2030세대가 알아야 할

경제·금융
상식

2030세대가 알아야 할

경제·금융 상식

유연한 사고와 판단을 통해 향후 건전하고 성공적인
금융생활과 재테크를 할 수 있는 힘을 기르자!

이승대 지음

바른북스

목 차

제1부

경제 기초상식
경제를 알아야 돈의 흐름이 보인다

제2부

금융 기초상식 금융을 알아야 재테크가 보인다

제3부

금융/재테크 세무 상식

제4부

금융상품의 이해

제5부

생애주기별 투자전략 및 리스크관리

제6부

경제적 자유

• 제1부 •

경제 기초상식 경제를 알아야 돈의 흐름이 보인다

1장

경제(학)의 이해

1. 경제(학)이란

인간이 자연과 함께 진화하는 과정에서 원시사회부터 현재까지 정치와 경제는 인간사회의 공동체를 이끌어 온 가장 중요하고 오래된 통치와 배분의 핵심 가치이다.

경제란 말은 경세제민(經世濟民)의 줄임말로 세상을 다스리고 백성을 구제한다는 의미이다. 그래서 경제학은 우리 사회를 운영하고 지배하는 핵심 이론으로 한정된 자원을 어떻게 배분하고 활용할지를 고민하고 연구하는 분야이다.

2. 경제(학)을 이해하는 두 가지 방법

거시경제학과 미시경제학은 경제학을 이해하는 가장 중요한 두 가지 방법으로, 흔히 산에 올라 산 전체를 보는 것이 거시경제, 산속에 나무와 계곡 등 세밀한 부분을 들여다보고 분석하는 것이 미시경제학이라고 이해하면 된다.

1) 거시경제학(Macroeconomics)

거시경제학은 경제 전체의 흐름과 변화를 분석하는 것이다. 국가 전체의 생산, 소비, 실업률, 물가, 전체소득 수준 등을 포함하고 있으며 거시경제학은 경제 성장, 물가 상승(인플레이션), 실업률, 국제 무역 등과 같은 거시적인 문제를 다루며, 정부의 경제 정책이 경제에 미치는 영향을 분석한다.

거시경제학은 개별 경제 주체(가계, 기업 등)가 아니라, 국가 전체나 세계 경제 차원에서 경제적 현상을 설명하고 이해하는 데 초점을 맞춘다. 거시경제학은 큰 경제 시스템이 어떻게 운영되는지, 그리고 국가의 정책이 경제에 미치는 영향을 연구한다.

거시경제학의 유용성

- 정책 결정: 거시경제학은 정부가 경제를 어떻게 관리할지에 대한 의사결정을 돕는다. 예를 들어, 경제 성장이 둔화되면 정부는 재정정책을 통해 경기를 부양할 수 있다.
- 경제 예측: 거시경제학은 미래의 경제 동향을 예측하고, 예기치 못한 경제 충격을 대응하는 역할을 할 수 있다.
- 결론적으로 거시경제학은 정부의 경제 정책과 국제경제 상황을 이해하는 데 중요한 역할을 하며, 경제적 문제를 해결하기 위한 전략을 세울 때 필요한 기본적인 정보를 제공한다.

2) 미시경제학(Microeconomics)

미시경제학은 개별 경제 주체인 가계, 기업, 정부 등과 그들 간의 상호작용을 분석하는 분야이다. 미시경제학은 자원 배분과 가격결정, 수요와 공급의 원리를 중심으로 시장의 기능을 설명한다.

미시경제학이 주로 다루는 분야로는 수요와 공급(가격결정과 시장에서의 자원 배분), 소비자 이론(소비자들이 어떻게 상품과 서비스를 선택하는지), 기업 이론(기업이 어떻게 생산하고 가격을 결정하는지), 시장 구조(완전 경쟁, 독점, 과점 등 다양한 시장 유형)가 있다.

이와 같이 경제를 이해하는 데 있어서 거시, 미시경제학을 동시에 이해하고, 숲을 보면서도 나무를 보고, 나무를 보면서도 숲을 볼 줄 아는 유연한 사고와 판단을 통해 향후 건전하고 성공적인 금융 생활과 재테크를 할 수 있는 힘을 기를 수 있을 것이다.

2장

경제의 기능 및 역할

경제의 기능과 역할은 매우 중요하며, 사회가 원활하게 운영되고 지속적으로 성장하기 위해 필수적인 요소들이다. 경제는 기본적으로 자원을 어떻게 배분하고, 사람들이 어떻게 상품과 서비스를 소비하며, 정부는 경제를 어떻게 조정하는지와 관련된 복잡한 구조의 시스템이다.

1. 자원 배분

경제는 한정된 자원(노동, 자본, 천연자원 등)을 효율적으로 배분하는 역할을 한다. 모든 자원은 한정적이기 때문에, 어떻게 자원을 분배할지에 대한 결정은 매우 중요하다. 자원 배분은 기본적으로 시장 메커니즘(수요와 공급의 법칙)을 통해 이루어지며, 정부가 개입하여 시장을 조정하기도 한다.

결국 시장 경제에서는 가격이 자원의 배분을 조정하는 역할을 한다.

2. 생산과 소비

- 생산: 기업과 가계가 자원을 활용해 상품과 서비스를 만드는 과정이다. 생산성이란 최소한의 자원으로 더 많은 재화와 서비스를 생산하는 능력을 말한다.
- 소비: 사람들이 상품과 서비스를 구매하고 사용하는 과정으로, 소비자의 선택이 경제활동에 중요한 영향을 미친다.

3. 분배

경제는 생산된 재화와 서비스의 분배 기능도 수행한다. 각 개인이나 가계, 기업은 경제활동을 통해 소득을 얻고, 소득 분배는 사회적, 정치적 요인에 따라 다를 수 있으며, 이는 불평등과도 연결된다. 예를 들어, 노동자에게 지급되는 임금, 자본가에게 돌아가는 이자, 기업에게 주어지는 이윤 등이 있다.

- 소득 분배의 공정성: 경제가 구조적인 선순환을 통해 돌아가면 사람들이 공정하게 자원을 분배받지만, 그렇지 않고 독점과 불공정, 잘못된 정책등으로 불평등이 발생할 수 있다.
  정부는 세금과 복지 정책을 통해 소득 분배의 불균형을 해결하려고 한다.

4. 가격결정

가격은 경제에서 매우 중요한 역할을 하며, 수요와 공급의 법칙에 의해 결정된다. 시장에서 가격이 어떻게 결정되는지에 따라 자원의 배분과 소비가 결정된다. 또한, 가격은 신호로 작용하여, 생산자들에게 무엇을 더 생산해야 할지, 소비자들에게 무엇을 더 소비할지에 대한 정보를 제공한다.

가격 시스템은 자원의 효율적인 배분을 도와주며, 소비자와 생산자 간의 상호작용을 통해 경제가 원활하게 운영될 수 있도록 한다.

5. 경제 성장

경제 성장의 중요한 기능은 국민소득(GDP)의 증가이다. 경제 성장은 주로 생산성 향상, 기술 혁신, 투자 증대 등으로 이루어진다. 경제 성장은 사람들의 생활 수준을 향상시키고, 일자리를 창출하며, 복지 수준을 높이는 데 중요한 역할을 한다.

경제 성장은 또한 국가가 국제적으로 경쟁력을 갖추게 만들고, 국가의 지속적인 발전을 가능하게 한다.

성장과 분배라는 두 마리 토끼를 잡을 수 있는 정책과 노력이 필요하다.

6. 경제 안정성

경제는 불황, 경기 과열, 인플레이션 등 경제적 불안정성을 해결하는 역할도 한다. 이를 위해 정부와 중앙은행은 통화정책과 재정정책을 사용한다. 주요 목표는 물가와 실업이라는 두 마리 토끼를 잡기 위해 균형을 이루고 경제의 선순환을 추구하는 것이다.

- 물가 안정: 과도한 인플레이션(물가 상승)을 막거나 통제하는 것이 중요하다.
- 실업 문제 해결: 고용을 창출하고 실업률을 낮추는 것이 경제 안정성에 중요한 역할을 한다.

7. 국제경제와 무역

경제는 국제적 관계에서도 중요한 역할을 한다. 각국은 서로 교역하고, 자원과 상품을 서로 교환한다. 무역을 통해 각국은 비교우위를 활용하여 효율적으로 자원을 배분할 수 있다. 또한, 경제는 국제적인 금융, 환율, 외환 시장 등과 밀접하게 연결되어 있다.

8. 경기순환(Business Cycle)

경기순환은 경기 확장 국면과 경기 수축 국면이 반복되는 현상이며, 경기저점에서 경기저점, 경기정점에서 경기정점까지의 기간을 하나의 경기 순환과정이다.

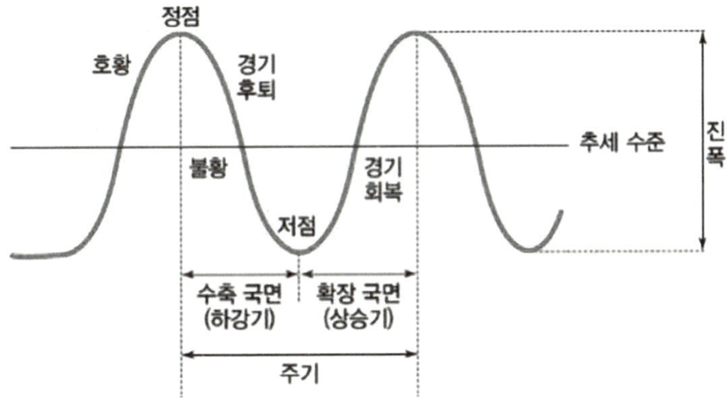

9. 경기 예측 지수

경기 예측 방법 중 설문조사 분석에 의한 방법으로 기업경기실사지수(BSI)와 소비자태도지수(CSI) 두 가지를 많이 사용한다.

- 기업경기실사지수(BSI): 경기에 대한 경기 전망, 동향 등에 대한 예측하는 지표로써 단기적 경기 예측 수단으로 활용된다.
  (0~100 : 경기하강, 100 : 전환점, 100~200 : 경기상승 의미)
- 소비자태도지수(CSI): 소비자에 대한 설문조사를 통해 경기를 예측하는 지료로써 경기 수축기 예측에 유용하다.
  해석방법은 기업경기실사지수와 마찬가지로 100을 기준으로 평가한다.

3장

금리와 이자율의 이해

1. 금리의 정의

금리는 금전을 빌리거나 예치할 때, 금융기관과의 거래에서 발생하는 대가인 이자율을 의미한다.

금리와 이자율은 비슷한 의미인 듯하나 사용 맥락에서 차이가 있다.

- 금리: 시장에서 공통적으로 사용되고 이해되는 자금의 가치를 말하며, 돈을 빌릴 때 적용되는 비율로 주로 금융기관 기준이다.
  은행이나 금융기관 중심이며, 예금 금리, 대출금리, 기준금리 등 거시경제나 금융시장에서 주로 사용한다.

예시

‖ 한국은행 기준금리 3.5%.

‖ 시중은행의 주택담보대출 금리 연 4.2%

- 이자율: 개인이나 기업등 간의 금전거래에서 발생하는 개별건의 비용 또는 수익

  예를 들어, 투자 수익률이나 대출 비용으로 발생한 실제 이자의 비율이며, 개인 또는 기업 중심의 수단이다.

  주로 개인 투자, 수익 분석, 이자 계산 등 실무에서 사용된다.

  이자율은 실물적 측면에서는 불확실한 미래보다는 현재를 선호하므로, 이자는 현재 소비를 희생한 대가라고 해석하는 시간 선호설과 이자는 현금이 가지는 유동성을 포기한 대가라고 해석하는 유동성 선호설(케인즈학파)가 있다.

예시

‖ 1년간 100만 원을 투자해 5만 원의 이자를 받았으면 이자율은 5%

‖ 대출받은 금액에 대한 실제 이자 비용을 계산할 때 사용한다.

금리는 경제에서 매우 중요한 역할을 하며, 경제활동에 직접적인 영향을 미친다. 금리가 상승하거나 하락함에 따라 소비, 투자, 대출, 저축 등 모든 경제활동에 변화를 일으킬 수 있다.

금리는 일반적으로 퍼센트(%)로 표시되며, 연이율(Annual Percentage Rate, APR)이나 연간수익률(Annual Percentage Yield, APY)로 나타낼 수 있다.

2. 금리가 결정되는 원리

금리는 여러 가지 요인에 의해 결정되며, 주로 수요와 공급, 경제 상황, 통화정책 등에 따라 변한다.

- 수요와 공급: 자금(돈)을 대출하려는 수요와 자금을 예치하려는 공급이 맞물리면, 금리가 결정된다. 예를 들어, 대출을 원하는 사람들이 많으면 금리가 상승하고, 예금을 원하는 사람들이 많으면 금리가 하락할 수 있다.
- 통화정책: 중앙은행(예: 한국은행, 미국 연방준비제도)이 금리를 결정하는 중요한 역할을 한다. 금리가 낮으면 대출이 쉬워지고 경제가 활성화되며, 금리가 높으면 대출이 어려워져 경제가 냉각된다.
- 인플레이션: 금리는 보통 인플레이션과 연결된다. 인플레이션이 높으면 금리가 높게 설정되며, 반대로 인플레이션이 낮으면 금리가 낮아질 수 있다.

3. 금리의 종류

금리는 상황에 따라 다르게 구분할 수 있으며, 주요 금리 종류는 다음과 같다.

1) 기준금리(Base Rate, Benchmark Interest Rate)

- 정의: 중앙은행(한국은행, 미 연준 이사회, ECB등)이 설정한 금리로, 은

행들이 서로 돈을 빌릴 때 적용되는 금리이다.

기준금리는 시중 금리의 기준이 되며, 정부의 통화정책에 따라 변동한다. 예를 들어, 한국은행이 기준금리를 인상하면 이와 연동된 시중 금리들이 상승하고 다시 대출금리가 높아지고, 예금 금리가 상승한다.

2) 대출금리(Loan Interest Rate)

- 정의: 은행이나 금융기관에서 돈을 빌릴 때 적용되는 이자율이다.
- 유형
  - 고정 금리: 대출 기간 동안 금리가 변하지 않는다.
  - 변동 금리: 금리가 일정 주기마다 조정되며, 일반적으로 기준금리에 연동되고 시장 상황에 따라 변동한다.

3) 예금 금리(Deposit Interest Rate)

- 정의: 예금을 맡길 때 금융기관이 지급하는 이자율이다. 예금의 종류에 따라 다르게 적용된다.
- 정기예금: 일정 기간 동안 예금을 맡기면 고정된 금리를 적용받는다.
- 적금: 매월 일정 금액을 납입하면서 일정 금리를 받는다.

4) 복리와 단리

- 단리: 이자는 원금에 대해서만 계산되며 예를 들어, 100만 원을 1년 동안 5%의 단리 금리로 예금하면 이자는 5만 원이다.
- 복리: 이자는 원금뿐만 아니라 이자에 대한 이자도 포함해 계산된다. 예를 들어, 100만 원을 5% 복리로 예금하면 첫해에 5만 원의

이자를 받지만, 둘째 해에는 이자에 대한 이자도 포함되어 이자가 더 많아진다.

4. 금리가 경제에 미치는 영향

금리는 경제에 매우 중요한 영향을 미치며, 금리가 변하면 사람들이 소비하고, 투자하고, 대출을 받는 방식에 큰 차이를 만들어 낸다.

1) 소비와 투자

금리가 낮을 때, 대출이 저렴해지므로 사람들이 소비를 늘리고, 기업들도 투자를 늘리게 되며, 이는 경제 성장을 촉진하는 역할을 한다.

반대로 금리가 높을 때는 대출비용이 올라가며, 이는 소비와 투자를 억제하고 경제를 냉각시키는 효과를 낳는다.

2) 통화 가치와 환율

금리가 높으면 외국인 투자자들이 더 많은 이자 수익을 얻기 위해 그 나라의 통화를 매입하게 되며, 이로 인해 해당 국가의 통화 가치가 상승할 수 있다.

금리가 낮으면 외국인 투자자들이 다른 나라로 자금을 이동시킬 가능성이 있어 통화 가치가 하락할 수 있다.

3) 인플레이션

금리가 낮으면 대출이 쉬워지고, 소비와 투자가 증가하여 경제가 과열되거나 인플레이션이 발생할 수 있다.

반대로 금리가 높으면 대출이 줄어들어 수요가 감소하고 인플레이션을 억제하는 효과가 있을 수 있다.

5. 중앙은행의 금리정책

중앙은행은 금리를 조정하여 경제를 안정시키고, 물가 상승률(인플레이션)과 실업률을 관리하려고 한다. 이를 위해 중앙은행은 금리 인상 또는 금리 인하를 통해 경제 상황에 맞게 정책을 펼친다.

- 금리 인상: 물가 상승을 막기 위해 금리를 올려 소비와 투자를 줄이고 경제 과열을 막는다.
- 금리 인하: 경제 침체나 불황 상황에서 금리를 낮춰 소비와 투자를 장려하고 경기를 부양한다.

4장

물가는 왜 오를까

물가는 상품과 서비스의 가격 수준을 의미하며, 일정 기간 동안 경제 내에서 거래되는 재화와 서비스의 가격 변동을 반영하는 중요한 경제적 지표이다. 물가는 경제의 건강 상태를 평가하는 데 중요한 역할을 하며, 사람들의 생활비와 관련된 중요한 변수이다.

물가는 단순히 어떤 상품이나 서비스의 가격을 말하는 것이 아니라, 전체 경제에서 가격이 어떻게 변화하는지에 대한 개념이다.

1. 물가의 정의

물가는 경제 내에서 상품과 서비스의 가격 수준을 나타내며, 특정 시점에 소비자들이 경험하는 가격의 전체 평균 수준을 의미한다. 물가는 주로 인플레이션(가격 상승)이나 디플레이션(가격 하락)과 관련이 있다.

2. 물가의 변동과 의미

물가는 일반적으로 변동적이며, 여러 경제적 요인에 의해 영향을 받는다. 따라서 물가의 변화가 긍정적일 수도, 부정적일 수도 있다.

1) 물가 상승(인플레이션, Inflation)

인플레이션은 물가가 지속적으로 상승하는 현상이다. 즉, 전체적인 가격 수준이 높아져 같은 금액으로 살 수 있는 재화와 서비스의 양이 줄어든다.

물가 상승률이 지속적으로 높아지면 화폐 가치가 감소하며, 사람들의 실질 구매력이 줄어든다. 예를 들어, 1년 전에는 10,000원으로 살 수 있던 물건이 이제는 11,000원으로 올라가는 경우이다.

2) 물가 하락(디플레이션, Deflation)

디플레이션은 물가가 지속적으로 하락하는 현상으로, 경제활동의 위축을 나타낸다. 물가가 하락하면 사람들이 소비를 미루거나 줄이게 되어, 경제의 전반적인 수요가 줄어든다.

디플레이션은 경제 침체를 초래할 수 있으며, 기업들은 가격을 낮추기 위해 더 많은 자금을 투자하거나, 생산을 축소하는 등의 조치를 취할 수 있다.

3. 물가의 영향

물가의 변화는 개인의 생활 수준뿐만 아니라 국가 경제에도 영향을 미친다. 물가가 지나치게 상승하거나 하락하면, 경제 전반에 부정적인 영향을 미칠 수 있다.

1) 물가 상승(인플레이션)

- 소비자 영향: 물가가 상승하면 소비자들이 소비를 줄이게 되며, 실질적인 구매력이 감소한다. 예를 들어, 동일한 월급을 받더라도 물가가 상승하면 살 수 있는 상품과 서비스의 양이 줄어든다.
- 기업 영향: 물가 상승은 기업에게 비용 상승을 초래할 수 있으며, 이는 제품 가격에 반영되어 소비자에게 전달된다. 일부 기업은 물가 상승에 대응하기 위해 가격을 인상하거나, 생산성을 높여야 할 수 있다.
- 경제 전반: 지나치게 높은 인플레이션은 경제 불안정을 초래할 수 있으며, 통화 가치가 급격히 떨어지거나, 과열된 경제로 이어질 수 있다.

2) 물가 하락(디플레이션)

- 소비자 영향: 물가가 하락하면, 소비자는 더 많은 상품을 구매할 수 있게 된다. 단기적으로는 좋은 현상처럼 보일 수 있지만, 디플레이션은 경제 침체를 나타낼 수 있다.
- 기업 영향: 물가가 하락하면, 기업 이윤이 감소할 수 있으며, 이는

고용 축소나 생산 감소로 이어질 수 있다. 소비자들이 가격 하락을 기대하고 소비를 미루면, 기업의 수익이 줄어들어 더 큰 경제 침체를 초래할 수 있다.

- 경제 전반: 디플레이션은 불황을 가속화시키고, 경제 성장을 저해하는 요소가 될 수 있다.

4. 물가 상승과 그 원인

물가 상승은 여러 가지 원인에 의해 발생할 수 있다. 대표적인 원인으로는 수요 견인 인플레이션과 비용 인상 인플레이션이 있다.

1) 수요 견인 인플레이션(Demand-pull inflation)

- 정의: 경제에서 수요가 공급을 초과할 때 발생하는 물가 상승이다. 수요가 많아지면, 상품이나 서비스의 가격이 상승한다.
- 예시: 경기 호황기에는 사람들의 소비가 증가하고, 기업들은 더 많은 상품을 생산하려 하지만, 공급이 수요를 따라가지 못하면 가격이 상승하게 된다.

2) 비용 인상 인플레이션(Cost-push inflation)

- 정의: 원자재 비용이나 임금 등의 생산 비용이 증가할 때 발생하는 물가 상승이다. 생산자가 가격을 인상하면, 기업들은 이를 소비자에게 전가하게 된다.
- 예시: 석유 가격이 급등하면, 이를 사용하는 모든 산업의 생산 비용

이 증가하고, 결국 소비자 가격이 오르게 된다.

3) 통화 인플레이션(Monetary inflation)

- 정의: 중앙은행이 통화를 과잉 공급하여 발생하는 물가 상승이다. 시장에 너무 많은 돈이 풀리면, 화폐의 가치는 떨어지고 물가가 상승할 수 있다.
- 예시: 중앙은행이 금리를 낮추고, 시장에 많은 돈을 공급하면 수요가 증가하고, 그에 따라 물가가 상승할 수 있다.

5. 물가 안정의 중요성

경제에서 물가 안정은 매우 중요하다. 물가가 지나치게 높거나 낮으면 경제가 불안정해질 수 있다. 이를 위해 정부와 중앙은행은 통화정책과 재정정책을 활용하여 물가를 관리하려고 한다.

- 물가 목표: 중앙은행은 보통 물가 상승률 목표를 설정하여, 일정 범위 내에서 물가 상승률을 유지하려 한다.
- 목표 범위: 많은 국가들이 2% 내외의 물가 상승률을 목표로 설정하고, 이를 통해 안정적인 경제 성장을 유지하려 한다.

5장

통화의 이해

통화는 경제에서 재화와 서비스를 교환하는 데 사용되는 돈을 의미한다. 통화는 사람들 간에 거래를 가능하게 하고, 경제활동을 원활하게 하는 중요한 기능을 한다. 즉, 통화는 교환의 매개체로, 경제 내에서 사람들이 상품과 서비스를 사고팔 때 필요한 가치 저장 수단이기도 하다.

1. 통화의 정의와 기능

통화는 그 자체로 가치가 있는 물건이 아니라, 정부나 중앙은행이 법정 화폐로 인정한 화폐이다. 통화는 경제 내에서 물물교환을 하지 않고, 상품이나 서비스를 돈으로 교환할 수 있게 만들어 주며, 통화의 주요 기능은 다음과 같다.

- 교환의 매개체(Medium of Exchange): 사람들이 재화와 서비스를 사고팔 때 사용하는 도구이다. 물물교환에서 발생할 수 있는 불편함

을 해결하고, 거래를 원활하게 만든다.

- 가치 저장 수단(Store of Value): 돈은 시간이 지나도 가치를 보존할 수 있어, 사람들이 자산을 보관하고 미래에 사용할 수 있는 수단이 된다.
- 가치 척도(Unit of Account): 돈은 모든 상품과 서비스의 가치를 측정하는 기준이 된다. 즉, 가격을 비교하고 가치의 크기를 측정하는 기준으로 작용한다.
- 지불의 수단(Standard of Deferred Payment): 부채를 상환하는 수단으로 사용된다. 예를 들어, 할부 구매나 대출 상환에 사용되는 방식이다.

2. 통화의 종류

통화는 여러 가지 형태로 존재할 수 있다. 주요 통화의 종류는 다음과 같다.

- 현금(Cash): 실물 화폐인 지폐와 동전이 포함된다. 이는 물리적인 형태의 통화이다.
- 예금 통화(Demand Deposits): 사람들이 은행에 예치한 돈으로, 즉각적으로 인출 하거나 결제에 사용할 수 있는 예금을 포함한다. 예를 들어, 체크카드나 직불카드에 있는 자금이 이에 해당한다.
- 디지털 화폐(Cryptocurrency): 비트코인과 같은 디지털 화폐는 중앙은행이나 정부의 관리 없이 작동하는 통화로, 온라인 거래에 사용된다.

3. 물가와 통화의 관계

통화와 물가는 밀접한 관계를 가지고 있으며, 주로 통화량이 물가에 큰 영향을 미친다. 물가는 전체 경제에서 재화와 서비스의 가격 수준을 의미하며, 통화는 그 가격을 형성하는 중요한 요소 중 하나이다.

1) 통화량 증가와 물가 상승(인플레이션)

통화량이 증가하면, 시장에 돈이 많아지게 되며, 소비자와 기업들이 더 많은 돈을 지출할 가능성이 커진다. 이로 인해 수요가 증가하고, 수요가 증가하면 상품과 서비스의 가격이 상승할 수 있다. 이 현상을 수요 견인 인플레이션(Demand-pull inflation)이라고 한다.

예를 들어, 중앙은행이 금리를 낮추고 시장에 많은 돈을 공급하면 사람들이 대출을 많이 받아 소비를 늘리고, 이에 따라 가격이 올라간다. 이때 물가 상승이 나타나게 된다.

2) 통화량 감소와 물가 하락(디플레이션)

반대로 통화량이 감소하면, 시장에 돈이 부족해지고, 소비와 투자가 줄어들어 수요가 감소하게 된다. 수요가 감소하면 가격이 하락할 수 있다. 이를 디플레이션(Deflation)이라고 한다.

예를 들어, 중앙은행이 금리를 높여 통화량을 줄이면 사람들이 대출을 덜 받게 되고, 소비가 위축되어 가격이 내려갈 수 있다.

3) 통화정책과 물가 조정

중앙은행은 통화정책을 통해 통화량을 조절하고, 이를 통해 물가를 조정한다. 중앙은행은 주로 기준금리를 조정하는 방식으로 통화량을 조절하며, 물가 안정이나 경제 성장을 유도한다.

- 금리 인상: 중앙은행이 금리를 인상하면 대출이 비싸져 사람들이 대출을 덜 받게 되고, 소비와 투자가 줄어들어 물가 상승을 억제할 수 있다. 이 방법은 인플레이션을 낮추는 데 유효하다.
- 금리 인하: 금리가 낮아지면 대출이 저렴해지고, 사람들이 더 많이 돈을 빌려 소비하고 투자할 수 있게 된다. 이로 인해 수요가 증가하고, 물가가 상승할 수 있다.

중앙은행은 통화정책을 통해 경제의 물가 안정, 경제 성장, 실업률 등을 조절하며, 이를 위해 금리를 조정하고, 시장에 돈의 공급량을 조절한다.

통화량이 증가하면 물가가 상승할 가능성이 높고, 통화량이 감소하면 물가가 하락할 수 있다는 기본적인 관계를 이해하는 것이 중요하다.

6장

환율의 이해

환율(Exchange Rate)은 두 나라의 통화 간 교환 비율을 의미한다. 즉, 하나의 통화를 다른 나라 통화로 바꾸는 가격을 나타내며, 외환 시장에서 결정된다. 예를 들어, 1달러가 1,400원이라면 환율은 1,400원/1달러로 표현된다. 환율은 국제적인 거래, 투자, 여행 등에서 중요한 역할을 하며, 각 나라의 경제 상황에 따라 변동한다.

1. 환율의 정의

환율은 한 나라의 통화가 다른 나라의 통화와 교환되는 비율이다. 예를 들어, 한국 원화(KRW)와 미국 달러(USD) 간의 환율이 1,400원/1달러라면, 1달러를 바꾸려면 1,300원이 필요하다는 의미이다.

2. 환율의 결정요인

환율은 여러 경제적, 정치적 요인에 의해 결정된다. 주요 요인으로는 수요와 공급, 금리 차이, 경제 성장률, 인플레이션율, 정치적 안정성 등이 있다.

1) 수요와 공급

환율은 결국 두 나라의 통화 수요와 공급에 의해 결정된다. 예를 들어, 미국에 대한 수요가 증가하면, 미국의 달러에 대한 수요가 늘어나고, 이는 달러 가치 상승을 초래한다. 반대로, 달러에 대한 수요가 줄어들면 환율은 하락한다.

2) 금리 차이

금리가 높을수록 투자자는 그 나라에 투자하려고 한다. 금리가 높은 나라의 통화에 대한 수요가 증가하게 되고, 그 통화의 가치는 상승한다.

예를 들어, 미국이 금리를 올리면, 투자자들이 미국에 자금을 투자하려고 달러를 많이 사게 되어, 달러의 가치가 상승한다.

3) 인플레이션과 물가 상승률

인플레이션이 높은 나라의 통화는 상대적으로 가치가 하락한다. 인플레이션이 높으면 물건 가격이 오르고, 이는 외국인들이 그 나라의 통화를 사지 않도록 만들기 때문이다.

예를 들어, 한국의 물가 상승률이 다른 나라보다 높으면, 한국 원화는 약세를 보일 수 있다.

4) 경제 성장률

경제 성장률이 높고 안정적인 나라의 통화는 강세를 보이는 경향이 있다. 이는 경제 성장으로 인해 그 나라의 수출이 증가하고, 외환 수요가 증가하기 때문이다.

예를 들어, 중국의 경제 성장이 빨라지면, 중국 위안화(CNY)는 강세를 보일 수 있다.

5) 정치적 안정성

정치적으로 안정된 나라는 외국인 투자자들로부터 신뢰를 얻으며, 그 나라의 통화에 대한 수요가 증가하게 된다. 반면, 정치적 불안정성이 심한 나라의 통화는 가치가 하락할 수 있다.

예를 들어, 브렉시트(영국의 EU 탈퇴) 당시, 영국 파운드(GBP)는 큰 변동성을 겪었다.

3. 환율의 경제적 영향

환율은 경제에 큰 영향을 미친다. 환율의 변동은 수출과 수입, 투자, 물가 등에 영향을 미친다.

1) 수출과 수입

환율이 상승하면 자국 통화가 약세가 되어, 자국 제품이 외국 시장에서 더 저렴해지고 수출이 증가할 수 있다. 반면, 수입품의 가격이 상승할 수 있다.

예를 들어, 원화 약세는 한국 제품을 해외에서 더 경쟁력 있게 만들어 수출에 도움이 될 수 있다. 하지만 수입품 가격이 올라가게 된다.

2) 물가와 인플레이션

환율 하락(통화 가치 하락)은 수입 가격을 상승시키고, 이는 물가 상승(인플레이션)을 초래할 수 있다. 수입 의존도가 높은 나라에서 환율 변동은 물가에 중요한 영향을 미친다.

3) 외환 시장과 투자

환율 변동은 외환 시장에서 투자자들의 투자 결정을 좌우할 수 있다. 예를 들어, 환율이 급등하거나 급락하면 투자자들은 리스크관리를 위해 포트폴리오를 조정할 수 있다.

경제 용어 상식 1

경제 용어는 경제학을 이해하는 데 중요한 역할을 하며, 다양한 경제 현상과 정책을 설명하는 데 필수적이다.

◆ **GDP(Gross Domestic Product, 국내총생산)**

정의: 일정 기간 동안 한 나라에서 생산된 모든 재화와 서비스의 총가치이다. 경제활동의 규모를 측정하는 대표적인 지표로 사용된다.

용도: 경제 성장률을 측정하는 데 사용됩니다. GDP가 증가하면 경제가 성장하고 있다는 의미이다.

◆ **GNP(Gross National Product, 국민총생산)**

정의: 국내에서 생산된 재화와 서비스뿐만 아니라 해외에서 자국민이 생산한 재화와 서비스까지 포함한 총생산 가치이다.

차이점: GDP는 국내 생산만 포함하지만, GNP는 자국민의 전 세계 생산 활동을 포함한다.

◆ **물가 상승률(Inflation)**

정의: 물가가 일정 기간 동안 상승하는 비율을 나타낸다. 물가 상승은 통화 가치가 하락하고, 실질 구매력이 감소하는 것을 의미한다.

용도: 정부는 물가 상승률을 통제하려고 노력하며, 이를 통해 경제 안정성을 유지하려 한다.

◆ **실업률(Unemployment Rate)**

정의: 경제활동을 원하는 사람 중 직장이 없는 사람의 비율이다.

용도: 실업률은 경제의 건강 상태를 평가하는 중요한 지표이다. 높은 실업률은 경제가 침체 상태에 있다는 신호일 수 있다.

◆ **통화정책(Monetary Policy)**

정의: 중앙은행이 금리와 통화량을 조절하여 경제를 관리하는 정책이다. 주로 금리 인상이나 금리 인하를 통해 통화 공급을 조절한다.

목표: 인플레이션을 통제하고, 실업률을 낮추며, 경제 성장을 촉진하는 것이다.

◆ 재정정책(Fiscal Policy)

정의: 정부가 세금과 정부 지출을 통해 경제를 조정하는 정책이다. 예를 들어, 정부가 세금을 인하하거나 지출을 늘리면 경제가 부양되고, 반대로 세금을 늘리거나 지출을 줄이면 경제가 안정될 수 있다.

용도: 경제가 침체기에 있을 때 재정정책을 통해 경기를 부양하거나, 과열되었을 때 과도한 인플레이션을 방지한다.

◆ 기회비용(Opportunity Cost)

정의: 선택의 결과로 포기한 다른 선택의 가치를 말한다.

예시: 주식에 투자하는 대신 여행을 가기로 선택했다면, 여행을 가지 않음으로 인한 기회비용은 여행을 통해 얻을 수 있었던 즐거움과 경험이다.

◆ 독점(Monopoly)

정의: 하나의 기업이 특정 시장을 지배하여 상품이나 서비스의 가격을 독점적으로 결정하는 시장 구조이다.

문제점: 독점은 소비자 선택의 폭을 줄이고, 가격을 지나치게 높게 책정할 수 있어 시장 효율성을 해칠 수 있다.

◆ 구축효과

'구축효과(Crowding-Out Effect)'는 정부 지출이 증가하면 민간의 투자나 소비가 줄어드는 현상을 의미한다.

주로 정부의 확장적 재정정책(예: 재정 지출 확대)을 비판할 때 사용된다.

정부가 지출을 늘리거나 재정적자를 메우기 위해 국채를 발행하면, 그에 따라 이자율이 상승하고, 결과적으로 민간의 투자가 줄어드는 현상을 구축효과라고 한다.

◆ 유동성함정(Liquidity Trap)

유동성함정은 경제학에서 통화정책이 더 이상 효과를 발휘하지 못하는 상황을 의미한다.

금리를 아무리 낮춰도 사람들이 돈을 쓰지 않고, 투자나 소비가 늘지 않는 상황이다. 이럴 때 통화량을 늘려도 경제가 살아나지 않고 중앙은행이 기준금리를 낮춰도 사람들은 돈을 보유만 하려 한다.

• 제2부 •

금융 기초상식
금융을 알아야 재테크가 보인다

1장

금융기관의 종류

금융기관(금융회사)은 자금을 중개, 운용하거나 금융 서비스를 제공하는 기관으로, 주요 금융기관의 종류는 다음과 같이 분류할 수 있다.

1. 예금취급기관

개인이나 기업으로부터 예금을 예치받고, 이를 바탕으로 자금이 필요한 자금수요자에게 대출 등의 금융 서비스를 제공하는 것을 기본 업무로 하는 기관이다.(예대마진이 주 수입원인 금융기관을 말함)

- 은행(Bank)
  - 시중은행(예: KB국민은행, 하나은행 등): 여수신, 외국환업무, 신탁업, 신용카드업, 펀드판매업, 금고 대여 등
  - 지방은행(예: 부산은행, 대구은행 등 지역에 기반을 둔 은행)
  - 외국계 은행(예: 씨티은행 등)

- 저축은행(Savings Bank): 상호 저축 은행법에 의해 설립된 서민 금융기관으로 서민 및 중소기업 대상으로 영업을 한다.
- 신용협동조합, 새마을금고, 농 · 수협 등: 지역 주민 또는 특정 조합원 대상으로 금융 서비스 제공한다.
- 우체국: 경영 주체가 정부이며 은행 서비스가 곤란한 농어촌 지역까지 서비스를 제공한다.

2. 비예금취급기관

예금을 취급하지 않지만 다양한 금융 서비스를 제공하는 기관을 말한다.

1) 보험회사

고객으로부터 보험료를 받고 일정 요건 달성 시 정액의 보험금을 지급하는 생명보험과 실손보상을 기본으로 하는 손해보험이 있다.

- 생명보험회사(예: 삼성생명, 교보생명)
- 손해보험회사(예: KB손해보험, 현대해상, DB손해보험)

2) 증권회사(금융 투자회사)

주식, 채권 등 유가증권의 발행, 매매 및 투자 서비스 제공하는 회사이며, 은행 업무 외의 다양한 금융투자 관련 업무를 광범위하게 취급하는 금융 투자회사이다.

- 미래에셋증권, 키움증권 등

3) 자산운용사

개인이나 기관 투자자의 자금을 모아 주식, 채권, 부동산, 파생상품 등 다양한 금융자산에 전문적으로 투자 · 운용하는 금융회사를 말한다.

투자자의 돈을 대신 관리 · 운용하는 집합 투자 기구(펀드)를 만들고 운용하는 회사이다.

4) 여신 전문회사

은행처럼 수신은 못하지만 여신은 할 수 있는 회사이며, 신용카드회사, 캐피탈 사, 할부금융회사, 리스회사, 창업투자회사, 대부 회사가 있다.

- 카드사(예: 신한카드, 현대카드 등), 캐피탈(신한캐피탈, KB캐피탈 등)
- 리스회사, 할부금융회사 등

5) 증권금융회사

주로 증권회사와 일반투자자를 상대로 자금을 공급하거나 증권을 대여하는 업무를 수행하는 금융기관이며, 증권사의 고객 예수금 운용 시 증권금융의 예금상품에도 가입한다.

3. 기타 금융기관 및 관련기관

1) 한국은행(중앙은행)

통화정책 수립, 발권, 금융시장 안정 등의 업무를 수행한다.

2) 특수은행(정책금융기관)

정부 정책 목적의 자금 지원 및 상업은행의 취약점을 보완하고자 특별법으로 설립된 은행을 말한다.

정부출자기관인 한국산업은행, 중소기업은행, 수출입은행과 비정부출자기관인 농협중앙회, 수협중앙회가 있다.

3) 금융지주회사

금융업을 영위하는 회사를 지배하는 것을 주된 사업으로 하는 회사이다.

- 우리금융지주, 신한금융지주 등

지주회사(持株會社, Holding Company)

다른 회사의 주식을 보유해 경영권을 지배 · 관리하는 회사를 말한다.

즉, 직접 사업(제조, 판매 등)을 하는 게 아니라, 자회사 주식을 소유해 그룹을 지배하는 구조이다.

지주회사는 기업의 순환출자구조를 벗어나 지배구조를 단순화하고, 경영효율성 제고, 세제, 혜택, 경영권 방어의 목적으로 설립된 회사이다.

4) 금융투자협회, 금융감독원, 예금보험공사 등

금융시장 감시 및 안정화, 소비자 보호 역할을 한다.

- 금융투자협회: 자본시장 관련 금융투자업계 전체를 대표하고 자율규제를 수행하는 단체이며, 증권사 · 자산운용사 · 투자자문사 등

금융투자업계를 대표하는 업계 자율규제 기구이다.

- 금융감독원: 대한민국의 금융시장 전반을 감독 · 검사하고 금융소비자를 보호하는 기관이다. 즉, 은행 · 증권 · 보험 · 자산운용 등 금융기관을 실제로 검사 · 감독하는 실행기관이다.
- 예금보험공사: 금융회사가 파산했을 때 예금자(개인 · 기업)의 돈을 일정 한도 내에서 보호해 주는 공공기관이다.

  즉, 금융회사가 납부한 보험료로 예금보험기금을 조성하고 은행 등이 부도 시 예금을 일정 금액까지 보상해 주는 예금자보호제도를 운영하는 핵심 기관이다.

2장

은행의 금융상품

1. 예금상품의 종류

은행이 고객으로부터 돈을 수신하고 보유기간 및 형태에 따라 이자를 지급하는 상품이며 고객 입장에선 돈을 예치하는 것이다.

1) 요구불예금

- 보통예금(요구불예금): 언제든지 고객의 출금 요구에 응해야 하며 입출금이 자유롭고 이자도 지급되나 낮은 금리가 적용된다.

2) 저축성예금

- 정기예금: 일정 기간(6개월, 1년, 3년) 돈을 맡기고 그에 대한 이자를 지급 받는 상품이며 요구불예금에 비해 금리가 높은 편이다.
- 정기적금: 매달 일정 금액을 넣고 만기 시 원금, 이자를 지급 받는 상품이다.

- 자유적금: 금액은 원하는 만큼 자유롭게 납입하고, 기간은 정해져 있는 적금이다.
- MMDA(Money Market Deposit Account, 시장금리부 수시입출식 예금): 수시 입출금이 가능하며, 요구불예금보다 높은 금리를 지급하는 상품이며 유사 상품으로 증권사나 종금사에 취급하는 MMF(Money Market Fund)나 CMA(Cash Management Account, 종합 자산관리계좌)가 있다.

3) 시장성 상품

- 시장의 실세금리를 반영하여 적립이 되는 상품(CD, RP, 표지어음, 기업어음 등)

- 양도성예금증서(CD)
  - 무기명, 할인 식으로 거래되는 정기예금증서이며, 중도 해지가 불가능하고, 만기 이후에는 이자가 추가로 지급되지 않는다.
  - 장점으로 유통시장에서 거래가 활발하고 환금성이 높다.
- 환매조건부채권(RP:Repurchasing Agreement)
  - 정해진 기간 경과 후 사전에 정한 수익률로 환매수 할 것을 조건으로 하여 고객에게 매도하는 상품이며, 은행뿐만 아니라 증권사에서 판매한다.
  - RP매도자는 보유 채권을 활용하여 자본 손실 없이 자금을 조달할 수 있으며, RP매수자는 원하는 기간에 맞춰 은행 예금 이자보다 높은 이자 수익을 받을 수 있는 상품이다.

- 표지어음(Cover Bill)
  - 기업으로부터 할인한 어음을 금융기관이 발행인이 되어 새롭게 발행한 약속어음이며, 금융기관이 지급자이므로 예금자 보호가 가능하다. 중도 해지는 불가능하나 배서에 의한 양도는 가능하다.
- 기업어음(Commercial Paper)
  - 일반기업이 자신의 신용으로 발행하는 융통어음이며, 원리금 보장이 안되며 신용등급에 따라 금리 수준이 결정되며, A3까지 투자 적격 등급이다.(A1, A2, A3, B, C, D)

2. 거래 방식에 따른 은행 상품 분류

1) 은행에 돈을 납입하거나 인출하는 방식에 따라 분류

거치식	적립식	수시입출금식
정기예금, CD, ELD, 표지어음	정기적금, 상호부금, 청약저축, 청약부금, 청약 종합저축	보통예금, 저축예금, MMDA

2) 이자 지급 방법에 따른 분류

원리금 방식	할인 방식
예금, 적금, RP	CD, 표지어음, 발행어음 등

할인 방식에 의한 이자 지급(Discount 방식)이란, 채권이나 어음 등의 금융상품에서 이자를 만기 시점에 별도로 지급하지 않고, 발행 시점에 액면가에서 이자를 미리 공제(할인)하여 발행하는 방식을 말한다.

투자자는 액면금액보다 낮은 가격(할인가)에 상품을 매입하고, 만기 시점에 액면금액 전액을 상환받음으로써 이자 수익을 실현한다.

예시

- 액면금액: 1,000,000원
- 만기: 1년
- 할인율: 5%
- 발행 시 투자자가 내는 금액(발행가):
  1,000,000원 × (1−0.05) = 950,000원
- 만기 시 수령 금액: 1,000,000원
- 실질 수익률: 약 5.26%

3) 원리금 보장 여부에 따른 분류

원리금 보장	원리금 비보장
예금, 적금, MMDA, ELD 등	CD, RP, CMA, MMF

원리금 비보장 상품도 안전한 채권이나 상품에 투자하여 원리금 미지급 가능성이 매우 낮아 안전한 투자자산으로 인식된다.

3. 대출상품

은행이 고객에게 돈을 빌려주고 정해진 이자를 수취하는 상품으로 고객 입장에선 필요한 자금을 융통하고 은행 입장에선 이자 수익을 올리는 상품이다.

1) 신용대출

담보 없이 개인 또는 기업의 신용만으로 조달하는 상품으로 적용 금리가 차주의 신용 상태에 따라 차등 적용되며 일반적으로 담보대출에 비해 금리 수준이 높다.

마이너스통장(Overdraft Account 일명 마통)

신용대출의 한 종류로 은행에서 일정 한도까지 마이너스로 돈을 인출 할 수 있는 대출성 통장을 말한다.

‖ 기본 개념

– 미리 대출 한도를 설정해 두고,

– 필요할 때마다 통장에서 돈을 인출 하듯이 대출금을 쓰는 방식

– 사용한 금액에 대해서만 이자가 발생

‖ 단점

– 사용하지 않아도 한도 자체가 신용대출로 간주되어 신용점수 하락 가능

– 한도 소진 시 추가 인출 불가

– 연장 시점에 심사 후 거절될 수도 있다.

‖ 장점

– 단기간 자금이 필요할 때 유용

– 이자 부담 줄이려면 빨리 상환할수록 유리

– 급전 용도로만 사용하는 것이 바람직

‖ 특히, 주식투자 등 단기성 투자상품에 사용하는 것은 매우 위험

2) 담보대출

부동산, 예금 등 자산을 담보로 제공하는 대출로 적용 금리가 상대적으로 낮다.

특히 주택담보대출은 아파트, 빌라, 주거용 오피스텔 등 집을 담보로 대출을 받는 것으로 보통 대출 기간이 길고 금리가 낮다.

- 고정금리와 변동금리
  - 고정금리와 변동금리는 대출이나 예금, 채권 등에서 적용되는 이자율 방식을 구분하는 개념이다. 특히 대출(주택담보대출, 신용대출)이나 채권 투자에서 매우 중요한 요소이다.

고정금리(Fixed Rate)

대출 또는 투자 기간 동안 이자율이 변하지 않는 방식이다.

‖ 특징

- 처음 계약 시 정한 금리가 만기까지 동일하게 적용됨
- 금리 상승기에도 이자 부담이 증가하지 않음
- 이자 부담이 일정하여 계획적인 자금 관리 가능

‖ 예시

- 대출금액: 1억 원
- 고정금리: 4%
- 대출 기간: 5년
- 매년 이자는 400만 원(1억 × 4%)으로 일정

‖ 장점

– 금리 변동 위험 없어 안정성이 높음

– 예측 가능한 상환 계획 가능함

‖ 단점

– 초기 금리가 변동금리보다 다소 높게 책정되는 경우 많음

– 금리가 하락해도 이자율이 그대로 유지됨(금리 하락 리스크)

변동금리(Floating Rate)

일정 주기(예: 3개월, 6개월, 1년)마다 시장금리에 따라 이자율이 바뀌는 방식이다.

‖ 특징

– 기준금리(예: 코픽스 · CD금리)에 가산금리를 더해 이자율 결정

– 코픽스금리(COFIX, Cost of Funds Index)는 국내 주요 은행들이 조달한 자금의 평균 금리를 나타내는 은행 자금조달비용지수이다. 주로 변동금리형 주택담보대출의 기준금리로 사용된다.

– 금리 변동 시 이자 부담도 함께 변동

‖ 예시

– 대출금액: 1억 원

– 최초 금리: 3.5% (3개월 변동)

– 3개월 후 기준금리 상승 → 금리 4.0%로 변경

– 이자도 350만 원 → 400만 원으로 증가

‖ 장점

– 금리가 하락하면 이자 부담이 줄어듦

- 초기 금리가 고정금리보다 낮은 경우가 많음

‖ 단점

- 금리 상승 시 이자 부담이 커질 수 있음(금리 상승 리스크)
- 상환 계획이 불안정해질 수 있음

금리 종류별 비교 정리

항목	고정금리	변동금리
금리 변동	없음	시장금리에 따라 주기적으로 변동
이자 부담 예측	쉬움	어려움
금리 상승 시	유리	불리
금리 하락 시	불리	유리
초기 금리 수준	상대적으로 높음	상대적으로 낮음
대표 적용 상품	장기주택담보대출, 채권	단기 신용대출, 변동금리 대출

- 금리 선택 기준
  - 금리 상승기 → 고정금리 선택이 유리 (이자 부담 고정)
  - 금리 하락기 → 변동금리 선택이 유리 (이자 부담 감소)
  - 혼합금리 상품도 있음: 초반 고정금리 후 일정 기간 후 변동금리로 전환되는 방식(예시: 5년 고정 이후 변동)

3) 전세 자금 대출

전세 보증금을 위한 대출

4) 학자금 대출

학생 또는 학부모 대상으로 하며 학비를 납입할 목적의 대출

5) 기업 대출

회사 운영 자금, 시설 투자 등을 위한 대출

4. 투자/운용 상품

- 펀드: 여러 투자자 자금을 모아 펀드를 설정하고 전문가가 운용(주식, 채권 등)
- 신탁: 고객 자산을 은행(신탁업자)가 관리·운용해 이익을 돌려주는 구조
- 외화예금: 달러, 유로 등 외화로 예치되는 예금
- ELS/DLS: 주가·금리 등 특정 지표에 연동된 파생금융상품(고위험 상품)

5. 기타 서비스성 상품

- ISA(개인종합 자산관리계좌): 여러 금융상품을 한 계좌에 통합하여 운용 관리하고 세제 혜택을 받을 수 있는 상품이다.(증권사 투자상품에서 상세히 기술)
- 연금저축: 노후를 위한 장기 상품이며, 세액공제 혜택이 있다.
- 청약통장: 주택청약용 전용 상품(국민주택, 민영주택 청약 가능)
- 비과세 종합저축: 일정 조건 충족 시, 이자 소득에 대해 비과세 혜택을 준다.

3장

증권사(금융 투자회사) 투자상품

투자금융회사(Investment Bank, 증권사, 종합금융회사 등)는 일반 은행과 달리 자금 조달 · 운용, 기업 · 금융, 투자 관련 서비스에 특화되어 있고, 그 과정에서 다양한 금융상품을 설계하고 판매한다.

투자금융회사는 기업의 자금 조달 · 투자자들의 자산관리 · 시장거래 중개를 위해 주식 · 채권 · 펀드 · 파생상품 · 대체투자상품을 설계 및 판매하고, 여기에 기업금융(IB)과 개인자산관리(WM) 기능을 결합한 다양한 금융상품을 운영한다.

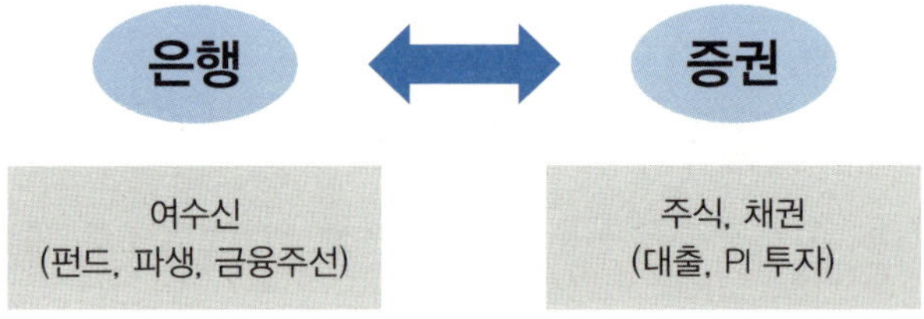

- 증권사 업무 분류: IB(투자은행), 자산운용, 법인(리서치), 리테일, 채권 중개/운용
  주요 업무 중 IB업무는 크게 주식발행, 채권 인수 및 발행 업무 등으로 나뉜다.
- ECM: 주식(IPO, CB, BW, 증자 등)
- DCM: 채권, 유동화
  - 회사채,CP
  - 유동화(MBS, ABS)
  - PF(프로젝트파이낸싱)/대체투자

1. 기업금융 관련 상품(Corporate Finance)

1) 주식 발행 관련

- IPO(기업공개) 인수 · 주관
- 유상증자, 전환사채(CB), 신주인수권부사채(BW) 발행

2) 채권 발행 관련

- 회사채 인수
- 프로젝트 파이낸싱(PF) 채권
- 자산유동화증권(ABS), 자산담보부채권(ABCP)

2. 투자 관련 상품(Investment Products)

1) 주식 · 채권 중개 및 투자

- 국내외 주식, 채권
- 파생상품(선물, 옵션)

2) 펀드 상품 판매

- 공모 펀드(주식형, 채권형, 혼합형, 해외펀드 등)
- 사모펀드(PEF, 헤지펀드 등)

3) 대체투자 상품

- 부동산펀드, 인프라펀드
- 사모대출펀드(Private Debt Fund)

3. 파생상품(Derivatives)

1) 금리 · 환율 · 주식 관련

- 스왑(Swap: 금리 · 통화 스왑)
- 선물(Future)
- 선도계약(Forward)
- 옵션(Option)

2) 구조화 상품

- ELD(주가지수연동예금): 정기예금을 기초로 하며 제시 수익률을 보장하며 증권, 예금자 보호 상품이다.
- ELS(주가지수 연계 증권): 증권 형태로 발행되며 주가지수에 연계해 수익률을 지급하는 구조이며, 예금자 보호가 되지 않는 상품이다.
- ELF(주가지수연동펀드): 개별 ELS를 편입해 운용하며 운용수익을 실적 배당하는 상품이다.
- ELW(주식워런트증권): 주식 및 주가지수 등의 기초자산을 사정에 정해진 가격, 즉 행사가격에 사거나 팔 수 있는 권리를 거래하는 파생금융상품이다.

  현물 주식에 대한 해지가 가능하며, 장외 파생상품의 인가를 받은 투자매매입자가 발행 가능하다.
- DLS(파생결합증권)

4. 자산관리·리테일 금융상품

1) 자산관리(Wealth Management)

- MMF(Money Market Fund, 머니 마켓 펀드): 단기 자금을 운용하는 집합 투자상품(펀드의 일종)이며, 단기 금융상품에 투자해 수익을 내는 초단기 펀드로, 예금처럼 안정성이 높고 유동성이 뛰어난 대표적인 단기 운용 상품이며, 은행/증권사 등에서 판매하며 자산운용사가 운용하는 상품이다.
- CMA(Cash Management Account, 종합 자산관리계좌): 예금처럼 수시

입출금이 가능하면서, 단기금융상품에 투자해 이자를 주는 계좌이며, 주로 증권사에서 판매, 운용하는 상품이다.

- 랩 어카운트(Wrap Account): 여러 종류의 자산운용 서비스를 하나로 싸서(Wrap) 고객의 기호에 적합하게 운용하는 자산종합관리계좌이다.
- 자문형 랩: 운용이 아닌 자문 서비스 제공
- 일임형 랩: 직접 운용하는 서비스 제공

2) 개인종합 자산관리계좌(ISA: Individual Savings Account)

여러 금융상품(예금 · 펀드 · 파생결합증권 등)에 투자하면서 세제 혜택을 받을 수 있는 통합 투자 계좌이다.

다시 말해, 한 계좌 안에서 다양한 투자상품을 운용하고, 비과세 · 분리과세 혜택을 받을 수 있는 절세형 계좌이다.

ISA의 기본 구조

구분	내용
정식 명칭	개인종합자산관리계좌(ISA)
가입 대상	만 19세 이상 거주자(근로 · 사업소득자 기준)
가입 한도	연간 2,000만 원 / 총 1억 원까지 납입 가능
운용 상품	예금, 펀드, ETF, ELS/DLS, 채권, RP 등
세제 혜택	운용 수익에 대해 비과세 + 초과분 분리과세(저율)

세제 혜택 구조

항목	일반형 ISA	서민형/농어민형 ISA
비과세 한도	200만 원	400만 원
비과세 초과분	9.9% 분리과세 (일반 금융소득세율 15.4%보다 낮음)	
과세 방식	계좌 내 상품 간 거래는 과세 없음 → 만기 시점에 한 번만 과세	
만기 기간	3년 이상 유지 시 혜택 적용 (단기 해지 시 세제 혜택 축소 또는 없음)	

예시

ISA 운용수익 600만 원(일반형 기준)

200만 원 비과세 + 나머지 400만 원 × 9.9% 분리과세

세금 약 39,600원만 부담(일반 계좌라면 약 61만 원)

- ISA 투자 가능 상품
  - 예 · 적금(원금 보장형)
  - 펀드, ETF(국내, 해외)
  - ELS, DLS(파생결합증권)
  - 채권, RP(환매조건부채권): 상품을 자유롭게 조합하여 포트폴리오 운용 가능

운용 방식

구분	신탁형 ISA	일임형 ISA
운용 주체	투자자가 직접 운용	금융회사가 운용
특징	직접 상품을 골라 매매	전문가가 포트폴리오 구성
대상	투자 경험자에게 적합	초보 투자자에게 적합

- 투자 시 유의 사항
  - 3년 이상 유지해야 세제 혜택을 온전히 받음
  - 중도 해지 시 세금 혜택이 줄어들거나 사라짐
  - 상품에 따라 원금 손실 가능성 있음
  - ISA에 납입된 금액은 연간 납입 한도를 초과할 수 없음

3) 종합 투자 계좌(IMA, Investment Management Account)

- 정의: 종합 투자 계좌(IMA)란 고객이 하나의 계좌 안에서 다양한 금융상품(예: 주식, 채권, 펀드, ETF 등)을 통합 관리하고, 전문 투자회사가 고객의 투자 목표에 맞춰 운용해 주는 종합 투자 관리 계좌이다. 즉, 여러 금융상품을 흩어져서 관리하는 대신, 하나의 계좌로 통합 관리, 전문가 운용이 가능한 구조이다.
- 특징
  - 주식, 채권, 펀드, ETF, 파생상품 등을 한 계좌에서 관리
  - 잔고, 수익률, 거래 내역 등을 통합 조회 가능
- 전문가 운용
  - 고객의 투자성향(공격적/중립적/안정적 등)에 맞춰 포트폴리오 구성

운용사는 자산 배분, 리밸런싱, 상품 선정 등을 대신 수행

4) ETF/ETN

- 상장지수펀드(ETF)
  - 상장지수펀드(Exchange Traded Fund)를 매매하여 지수 수익을 추구하는 투자상품이며 주식처럼 거래되면서 펀드의 장점을 갖춘 금융상품이다.
  - 주식시장에 상장된 펀드로, 특정 지수(코스피, S&P500 등)를 추종하고 주식처럼 실시간 매수 · 매도가 가능하며, 분산투자 효과를 제공한다.
  - 펀드를 주식처럼 매매시스템에서 사고파는 상품이다.

특정 자산 · 파생상품 기반 ETN

‖ ETN의 개념

ETN(Exchange Traded Note, 상장지수증권)은 ETF(상장지수펀드)와 비슷하지만, 발행 구조와 위험 특성이 다르다. 증권회사가 특정 지수의 수익률을 따라가도록 설계하여 발행하는 파생결합증권이다. 즉, 투자자는 증권회사가 약속한 수익률(지수 수익률)을 받을 수 있다.

ETN vs ETF 비교

구분	ETN	ETF
발행 주체	증권회사	자산운용사
기초자산	지수, 원자재, 환율, 금리 등	주식, 채권, 원자재 등
구조	채권(증권사 지급보증)	펀드(자산 직접 보유)
수익 구조	증권사가 약속한 지수 수익률	실제 운용 성과에 따라 결정
신용위험	존재 (발행 증권사 부도 시 손실 가능)	없음 (자산이 펀드에 실물로 보유됨)
배당	없음	있음(주식형 ETF의 경우)

- 관련 상품
  - KODEX WTI 원유선물 ETN
  - 신한 레버리지 은 선물 ETN
  - KB 인버스 2X 나스닥 100 ETN

5. 기타 특수금융상품

- M&A 관련 금융
- 인수 금융(Leveraged Finance)
- 구조조정 관련 채권상품
- 프로젝트 파이낸스(PF)

- 부동산 개발, 인프라 건설 자금 조달 상품

• 해외 투자상품
  - 글로벌 채권 · 펀드, 해외 파생 결합상품
  - 회사채, CP
  - 유동화(MBS, ABS)
  - PF(프로젝트파이낸싱)/대체투자

6. 연금저축 상품

연금저축 계좌는 누구나 가입이 가능하며, 은행, 생명보험, 손해보험, 금융 투자회사 등에서 가입이 가능하다.

• 납입 한도
  - 연간 1,800만 원+ISA 계좌 만기 전환 금액

• 세액공제 한도
  - 연간 600만 원+ISA 계좌 만기 전환 금액의 10%
  - 퇴직연금 계좌 가입 시 세액공제 한도가 합산 900만 원

• 세액공제율
  - 16.5%(총급여 5,500만 원, 종합소득 4,500만 원 초과 시 13.2%)

• 연금 수령 시 과세: 저율 분리과세
  - 55~69세: 5.5%
  - 70~79세: 4.4%
  - 80세 이상: 3.3%

금융회사별 상품 비교

구분	금융투자회사	생명보험	손해보험
상품명	연금저축펀드	연금저축보험	연금저축보험
납입방식	자유납	정기납	정기납
연금형태	확정	종신,확정	확정
예금자보호	X	O	O

* 은행의 연금저축 신탁은 2018년부터 신규 판매 중단

- 퇴직연금 상품
  - DC형(확정기여형): 퇴직급여의 지급 수준이 정해져 있고, 기업이 운용을 책임
  - DB형(확정급여형): 운용 성과에 따라 퇴직급여 수준이 달라지고 근로자가 운용을 책임
  - IRP(개인형 퇴직연금): 본인이 자유롭게 가입이 가능하며, 퇴직금을 이 계좌로 입금하여 운용 후 특정 시기에 연금을 수령 할 수 있다.

4장

부동산 투자

1. 부동산의 개념

1) 법률적 개념

민법 제99조에서 '토지 및 그 정착물'을 부동산이라 한다.

즉, 움직일 수 없는 재산을 뜻하며 대표적으로 다음을 포함한다.

- 토지(대지, 임야, 농지 등)
- 토지에 정착된 건물(주택, 상가, 공장 등)
- 기타 토지에 고정된 물건(교량, 수목 등)

따라서 법적으로는 토지와 건물이 부동산의 기본 범위이다.

2) 경제적 개념

경제학에서는 이동 불가능하고 희소성을 가진 자원으로서의 토지를 중심으로 본다.

부동산은 다음과 같은 특성을 가진다.

- 부동성: 움직일 수 없음
- 영속성: 시간이 지나도 없어지지 않음
- 개별성: 동일한 것이 존재하지 않음(위치 · 형질 고유)
- 공급의 비탄력성: 인위적으로 추가 공급이 거의 불가능

3) 광의와 협의의 개념

- 광의의 의미: 토지, 건물뿐 아니라 광물, 지하수, 개발권 등 토지에 부속된 권리까지 포함한다.
- 협의의 의미: 단순히 토지와 건물을 의미

결론적으로 부동산이란 토지와 그 정착물을 기본으로 하며, 경제적 · 법률적 성격에 따라 다양한 권리와 가치가 포함된 고정 자산이라고 할 수 있다.

2. 부동산과 동산의 차이

1) 부동산

- 정의: 민법 제99조에 따라 토지와 그 정착물
- 특징
  - 이동 불가능(부동성)
  - 개별성이 강함(위치가 유일)
  - 영속성 있음(토지는 사라지지 않음)
  - 거래 시 등기(등록)필요

- 예시: 토지, 건물, 수목(뿌리내린 상태), 다리, 공장 설비 중 고정된 것

2) 동산

- 정의: 부동산 이외의 모든 물건
- 특징
  - 자유롭게 이동 가능
  - 대체 가능성이 높음(동일 물건 다수 존재)
  - 거래 시, 점유 이전으로 소유권 이전 가능
- 예시: 자동차, 가구, 가전제품, 현금, 주식 · 채권(재산권도 동산으로 취급)

3) 비교 정리

구분	부동산	동산
이동성	불가능	가능
대표적 예시	토지, 건물	자동차,가구
거래 방식	등기필요	점유이전
개별성	강함(위치 유일)	약함(대체 가능)
가치	상대적으로 고액	소액, 단기적

- 공신력 : 현행 부동산 등기 제도는 공시력은 있지만 공신력이 없다.
  - 불특정 타인에게 소유권을 표시하는 공시는 할 수 있지만, 공적인 신뢰성을 담보할 수는 없는 것이다.

3. 부동산 권리의 이해

특정 부동산에 대해 법적으로 인정되는 권리를 말합니다. 즉, 소유하거나 이용 · 수익하거나 담보로 활용할 수 있는 권리들이며, 크게 물권과 채권으로 나누어 설명할 수 있다.

1) 물권(物權): 물건 자체에 대한 직접적 권리

부동산을 직접 지배할 수 있는 권리이다.

- 소유권
  - 가장 기본적인 권리
  - 사용 · 수익 · 처분할 수 있는 완전한 권리
- 용익물권(부동산을 이용 · 수익할 수 있는 권리)
  - 지상권: 타인의 토지 위에 건물이나 공작물을 소유하기 위해 그 토지를 사용할 수 있는 권리
  - 지역권: 자기 토지를 편리하게 쓰기 위해 다른 사람의 토지를 이용할 수 있는 권리(예: 통행권)
  - 전세권: 일정한 돈(전세금)을 지급하고 남의 부동산을 사용 · 수익할 수 있는 권리
- 담보물권(채권담보를 위해 부동산을 잡아두는 권리)
  - 저당권: 돈을 빌려줄 때 담보로 설정, 변제하지 않으면 경매를 통해 우선변제 받을 수 있음
  - 유치권: 타인의 물건을 점유하고 있을 때, 채권이 변제될 때까지

반환을 거절할 수 있는 권리

– 질권: 부동산에는 잘 쓰이지 않고 동산 · 권리에 주로 적용

2) 채권(債權): 사람을 상대로 한 거래에서 발생한 권리

부동산 자체를 직접 지배하는 것이 아니라, 타인에게 일정한 행위를 요구할 수 있는 권리이다.

- 매매계약에 따른 소유권 이전 청구권
- 임대차계약에 따른 사용 · 수익 청구권
- 도급계약에 따른 건축 완공 청구권 등

3) 기타 권리

- 임차권: 주택 · 상가 임대차에서 발생하는 권리
- 분양권: 아파트 등 분양계약에 따라 향후 소유권을 취득할 수 있는 권리
- 입주권: 재개발 · 재건축에서 조합원에게 부여되는 권리

부동산 권리는 물권(직접 지배)과 채권(타인에 대한 청구권)으로 크게 나뉘고, 그 안에서 소유권 · 용익물권 · 담보물권 · 임차권 등이 존재한다.

4. 권리분석

부동산 거래(매매, 임대차, 경매 등)에서 가장 중요한 항목이며 이를 통

해 권리의 보호와 안전한 거래가 가능하다.

쉽게 말해 해당 부동산에 어떤 권리가 얽혀 있는지, 누가 진짜 주인인지, 안전하게 거래할 수 있는지 확인하는 절차이다.

1) 권리분석의 목적

- 진정한 소유자와 거래하는지 확인
- 권리관계(저당, 전세권, 가 압류 등)를 파악해 위험 회피
- 안전한 투자 · 거래 여부 판단

2) 권리분석 주요 단계

등기부등본 확인

부동산 권리분석의 기본은 등기부등본이다.

등기부는 크게 세 부분으로 나눌 수 있다.

– 표제부: 부동산의 물리적 현황(소재지, 지목, 면적 등)

– 갑구: 소유권 관련 사항(소유자, 소유권 이전, 가압류 · 압류 · 가처분 등)

– 을구: 소유권 이외의 권리(저당권, 전세권, 지상권 등 담보 · 용익물권)

‖ 확인 포인트

소유자와 실제 거래 상대방이 일치하는지

압류, 가압류, 가처분, 경매개시결정 등이 있는지

저당권 · 근저당권 설정 여부(대출 담보 잡혀 있으면 인수 위험)

‖ 법적 · 행정적 제한 확인

토지이용계획확인서 열람 → 개발제한구역, 농지, 도시계획 등 규제 확인

건축물대장 확인 → 불법 증축 여부 확인

집합건물(아파트, 오피스텔)이라면 관리비 체납 여부 확인

실제 점유 관계 확인

‖ 등기부상 권리 외에, 현장에서 누가 점유 · 거주하고 있는지 확인이 필요함

‖ 무허가 건물, 미등기 건물, 임차인 보증금 등은 등기부에 안 나타날 수 있음

‖ 임차인이 있다면 임대차계약서 · 확정일자 · 전입 세대 열람 등을 통해 보증금 보호 범위 확인

임차권 · 전세권 분석

‖ 주택임대차보호법, 상가건물임대차보호법에 따라 임차인 권리가 강하게 보호됨

‖ 보증금이 안전하게 보호되는지, 선순위 권리보다 우선변제 받을 수 있는지 따져야 함

권리의 우선순위 파악

‖ 권리분석의 핵심: 우선순위

대항력 있는 임차인 → 소유자가 바뀌어도 계약 유지

저당권자(은행) → 경매 시 최우선 변제

가압류 · 압류 → 소유권 처분 제한

‖ 말소 기준권리 개념

경매에서 말소 기준권리보다 뒤에 생긴 권리는 경매로 소멸

앞선 권리는 낙찰자가 인수해야 함

‖ 세금 체납 여부 확인

매도인의 국세 · 지방세 체납이 있는지 확인(압류 가능성)

필요시 세무서 · 구청에 체납 사실 증명 요청

매매계약 시 체크 사항

‖ 매매계약서 특약사항에 '잔금 지급과 동시에 모든 권리(저당권 · 임차권 등) 말소' 조건 명시

‖ 계약금, 중도금, 잔금 지급 시 권리변동 여부 재확인(등기부를 다시 떼어 확인)

‖ 잔금 지급 시 소유권 이전 등기 서류 + 근저당 말소 서류 동시에 받기

잔금 및 소유권 이전 단계

‖ 은행 근저당 등은 잔금일에 동시에 말소

‖ 임차인 보증금이 있다면 임대차 종료·보증금 반환 여부 확인 후 소유권 이전

‖ 등기 이전 후 최종적으로 등기부등본 재확인

3) 일반 매매 권리분석의 체크리스트

- 등기부등본(갑구/을구 이상 여부 확인)
- 소유자: 계약 당사자 일치 여부
- 저당권, 전세권, 가압류 등 말소 가능 여부
- 세입자 유무 및 보증금 인수 여부
- 세금 체납 여부 확인

  – 토지이용계획 · 건축물대장 등 법적 제한

  – 계약서 특약으로 권리 말소 조건 확실히 기재

일반 매매 권리분석은 등기부 확인 → 점유 관계 확인 → 세금 · 법적 제한 확인 → 계약서 특약 → 잔금과 동시에 권리 말소 순서로 진행해야 안전한 거래를 할 수 있다.

5. 부동산 경기변동의 이해

회복(회복시장)	호황(상향시장)	후퇴(후퇴시장)	불황(하향 시장)
저점 확인 후 상승, 공실률 감소, 부동산거래가 늘어나기 시작	부동산가격이 상승국면에 있으며 거래가 활발하지만 후퇴가능성도 내재	정점 확인 후 하향세 진입, 금리는 높고 여유자금은 부족함	부동산가격 하락세, 거래는 줄고 금리와 공실률이 높아짐
매수인 우위에서 매도인 우위의 시장으로 전환	매도인 우위의 시장 강세	매도인 우위에서 매수인 우위의 시장으로 전환	매수인 우위의 시장 강화

- 부동산 경기는 일반경기에 비해 후행하거나 동행하는 경향이 있다.
  - 시장지표에 반영되는 순서: 주가 〉 일반 경기 〉 부동산 경기
- 상업용과 공업용의 부동산 경기는 일반 경기와 동행하는 편이나, 주거용 부동산은 일반 경기에 후행하는 편이다.
- 부동산 경기의 측정 지표
  - 건축의 양, 부동산의 가격 변동, 부동산 거래량(공실률 지표-선행지표) 등

6. 부동산 관련 법률

1) 토지이용계획 관련 주요 법률

국토의 계획 및 이용에 관한 법률(국토계획법)

‖ 토지이용계획의 기본법

‖ 전국 토지를 용도지역 · 용도지구 · 용도구역으로 구분

– 주거지역, 상업지역, 공업지역, 녹지지역 등

‖ 도시 · 군 기본계획, 도시 · 군 관리계획의 근거

도시개발법

‖ 도시개발사업(택지개발, 신도시 개발 등)의 절차와 규제

‖ 토지이용계획과 연계하여 개발 구역 지정

도시 및 주거환경정비법(도시정비법)

‖ 재개발, 재건축 등 정비사업 관련 법

‖ 기존 도시지역 토지이용을 효율적으로 개선

건축법

‖ 건축 가능한 건물의 종류 · 규모 제한

‖ 용도지역별 건폐율, 용적률 규제

농지법

‖ 농지의 소유 · 이용 · 전용 제한

‖ 농지는 원칙적으로 농업인이 아니면 소유 · 이용 곤란

실제 거래 시에는 토지이용계획확인서를 발급받아야 하고, 그 안에 위 법률에 따른 용도지역 · 지구 · 구역과 규제 사항이 전부 표시된다.

2) 용도지역의 구분 및 행위 제한

토지이용계획에서 가장 기본적이면서 중요한 개념이 바로 용도지역 · 용도지구 · 용도구역이다.

각 지역마다 건폐율 · 용적률 · 건축 가능 용도 등이 제한된다.

용도지역 · 용도지구 · 용도구역의 구분

구분	의미	주요 예시	근거법
용도지역	토지이용의 기본 성격을 정하는 구분	주거지역, 상업지역, 공업지역, 녹지지역	국토계획법
용도지구	용도지역을 보완하기 위한 세부 규제	경관지구, 고도지구, 방화지구, 취락지구 등	국토계획법
용도구역	특정 목적을 위해 별도로 지정하는 구역	개발제한구역(그린벨트), 수산자원 보호구역, 시가화조정구역	국토계획법 + 개별법

주거지역

‖ 종류: 제1종/제2종/제3종 전용 주거지역, 일반주거지역, 준주거지역

‖ 주요 목적: 주택 건설 · 거주환경 보호

‖ 행위 제한

전용주거지역: 단독주택 · 아파트 가능, 상업 · 공장 제한

일반주거지역: 주택 중심이지만 일부 근린생활시설 허용

준주거지역: 주택 + 상업 혼재 가능, 모텔 · 소규모 상가 허용

상업지역

‖ 종류: 중심상업지역, 일반상업지역, 근린상업지역, 유통상업지역

‖ 주요 목적: 상업 · 업무 기능

‖ 행위 제한

중심상업지역: 대형 백화점, 오피스, 호텔 가능

근린상업지역: 동네 상권 중심, 유흥시설 일부 제한

유통상업지역: 도매시장, 물류 시설 중심

공업지역

‖ 종류: 전용공업지역, 일반공업지역, 준공업지역

‖ 주요 목적: 산업활동

‖ 행위 제한

전용공업지역: 오직 공업시설만 가능(주거 · 상업 불가)

일반공업지역: 공장 + 일부 상업 가능

준공업지역: 경공업 · 주거 혼합 가능(도심 공장지대)

녹지지역

‖ 종류: 보전 녹지, 생산녹지, 자연녹지

‖ 주요 목적: 환경 · 자연 보전

‖ 행위 제한

보전 녹지: 거의 개발 불가, 산림 · 환경 보전

생산녹지: 농업 · 임업 활동 가능, 건축 제한

자연녹지: 제한적 주거 · 상업 가능(도시 확장 대비)

3) 건폐율 · 용적률 제한

용도지역	건폐율	용적률
전용주거지역	50% 이하	100~200%
일반주거지역	60% 이하	200~300%
준주거지역	70% 이하	400% 이하
상업지역	70~90%	800~1,500%
공업지역	70% 이하	350~400%
녹지지역	20~40%	80~100%

건폐율(建蔽率, Building Coverage Ratio)

‖ 대지면적 대비 건물 바닥면적의 비율

‖ 공식: (건축면적 ÷ 대지면적) × 100%

‖ 토지 위에 얼마나 건물을 '가득 채울 수 있는가.'를 규제

‖ 주로 쾌적한 환경 · 채광 · 통풍 확보 목적

– 예: 대지 200㎡, 건축면적 100㎡ → 건폐율 50%

용적률(容積率, Floor Area Ratio)

‖ 대지면적 대비 건물 전체 연면적의 비율

‖ 공식: (건축물 연면적 ÷ 대지면적) × 100%

‖ 건물의 총 높이 · 규모를 규제

‖ 도시의 밀도 관리 목적

– 예: 대지 200㎡, 건물 연면적 400㎡ → 용적률 200%

‖ 용적률에 계산되는 연면적에는 지하층 면적은 제외된다.

건폐율 · 용적률 실제 계산

‖ 예시: 전용주거지역 (건폐율 50%, 용적률 200%)

– 대지 500㎡ 가정

‖ 건폐율 적용

500㎡ × 50% = 250㎡

→ 한 층 바닥면적은 최대 250㎡까지 가능

‖ 용적률 적용

500㎡ × 200% = 1,000㎡

→ 건물 전체 연면적은 1,000㎡까지 가능

‖ 최대 층수 계산

총 연면적(1,000㎡) ÷ 한 층 바닥(250㎡) = 4층

→ 즉, 4층짜리 주택(아파트 · 다가구주택 등)까지 가능

‖ 건폐율이 낮으면 건물 바닥이 좁아져서 건물이 '가늘고 길게' 올라감

‖ 용적률이 낮으면 전체 연면적이 제한돼 층수를 많이 못 올림

‖ 즉, 상업지역 〉 주거지역 〉 녹지지역 순으로 건축 자유도가 커짐

7. 부동산 가치평가

부동산의 거래 · 투자 · 세금 부과 등에서 가장 중요한 부분이 바로 부동산 가치평가이며, 이 부동산의 가치는 어느 정도인가를 체계적 기준과 방법으로 산정하는 것이다.

1) 부동산 가치평가의 의의

- 정의: 부동산의 경제적 가치를 화폐 단위로 평가하는 것
- 목적: 매매, 임대차, 담보대출, 세금 부과, 보상(수용), 투자 의사결정 등에 활용

2) 부동산 가치평가의 기준

평가 시 적용하는 세 가지 대표 기준

- 시장가치
  - 정상적인 거래에서 형성될 것으로 예상되는 가격
  - 가장 일반적인 가치 기준
- 공정가치
  - 특정 이해관계자 간 합의된 공정한 가격(예: 회계처리 목적)
- 특정 가치
  - 특정 조건이나 목적하에서의 가치(예: 담보가치, 투자가치, 보험 가치)

3) 부동산 가치평가 방법(3대 방법)

원가법(Cost Approach)

- 부동산의 재생산 비용을 기준으로 평가
- 토지가격 + 건물 신축 비용 – 감가상각
- 주로 신축건물, 특수용도 건물(학교 · 공장)에 사용

비교 사례법(Sales Comparison Approach)

- 유사한 부동산의 실제 거래 사례를 비교해 평가
- 가장 널리 쓰이는 방식(아파트, 토지 등)
  - 예: 인근 아파트 거래가 5억 → 평가 대상 아파트도 5억 ± 조건 조정

수익환원법(Income Approach)

- 부동산이 앞으로 창출할 수익을 현재가치로 환산
- 임대수익 중심 상가, 오피스텔, 사무실 건물 평가에 주로 사용
- 공식: 가치 = 순수익 ÷ 환원율
  - 예: 연간 순 임대수익 5,000만 원, 환원율 5% → 가치 = 10억 원

위와 같은 평가 방법을 적용(원가법 · 비교 사례법 · 수익환원법 중 적합한 방법 선택) 하여 최종가치를 산정한다.

4) 활용 분야

- 금융: 담보대출 시 감정평가
- 세금: 재산세, 취득세, 양도세 과세 기준
- 공공사업: 도로 · 철도 건설 시 토지보상가 산정
- 투자: 수익률 분석, 개발 타당성 검토

부동산 가치평가는 시장가치를 기준으로, 원가법 · 비교 사례법 · 수익환원법 세 가지 방법을 적절히 사용해 산정한다.

아파트 매매는 비교 사례법, 수익형 부동산은 수익환원법, 특수건물은 원가법이 주로 사용된다.

5) 가치평가 방법별 적용 구분

- 비교 사례법 → 거래 사례가 많고 유사성이 높은 주거용/토지 평가에 적합
- 원가법 → 특수건물, 신축건물 등 시장사례 부족 시 사용
- 수익환원법 → 임대수익이 가치 핵심인 상업용 부동산에 적합
- 혼합 평가 → 복합용도 건물 등 다양한 요소가 섞인 경우

5장

생명보험과 손해보험

1. 생명보험의 기본 원리

생명보험은 사망, 질병, 상해 등 생명과 관련된 위험을 대비하고, 필요시 금전적 보상을 제공하는 금융상품이다.

1) 위험 분산의 원리(대수의 법칙)

많은 사람들이 일정한 보험료를 납부하면, 일부에게 발생한 사고 · 질병을 모두가 나눠 부담한다.

소수가 큰 손실을 입더라도 다수의 보험료로 보장이 가능하다.

2) 보험료 산정 원리(수지상등의 원칙)

- 위험보험료: 사고 발생 확률 × 보장 금액
- 사업비: 보험회사가 운영 · 관리하는 비용
  – 순보험료 + 사업비 = 총보험료

3) 현가/할인 원리(경험생명표)

보험금 지급은 미래에 발생할 수 있고 보험금을 현재가치로 환산 수학적 · 통계적 계산(생명표, 이자율 등)을 통해 보험료 산정

2. 생명보험 상품 유형별 원리

1) 순수 보장형(사망보험)

- 보험금: 사망 시 지급
- 보험료: 위험보험료 + 사업비
- 납입보험료 대비 보장 비율 높음

2) 저축성/연금형 보험

- 보험료 일부가 적립금으로 쌓이며 만기 · 연금 형태로 지급
- 위험보장과 저축 기능 결합

3) 변액보험/투자형

보험료 일부를 투자 금융상품에 투자해 수익에 따라 보험금 · 해약금 변동되며, 위험보장과 투자 수익을 연계한 상품이다.

3. 손해보험의 이해

1) 손해보험의 정의

손해보험은 보험 가입자가 일정한 사고나 위험으로 인해 재산상 손

해를 입었을 때, 그 손해를 보상해 주는 보험이다.

- 핵심 포인트: 실제 손해 발생 시 보상
- 생명보험과 달리 사망이나 생명보다는 재산 · 책임 · 손실을 대상으로 한다.

2) 손해보험의 특징

- 손해 보상 원칙
  - 보험금은 실제 손해액을 기준으로 지급된다.
  - 즉, 보험 가입자가 손해보다 많은 금액을 받지는 못한다.
- 우연한 사고 중심: 보험금 지급은 예상치 못한 사고가 발생했을 때만 이루어진다.
- 보험금 지급 한도 설정: 보험계약서에 명시된 보험금 한도 내에서만 지급된다.

4. 손해보험의 종류

1) 재산보험

- 재산상의 손해를 보상
- 예: 화재보험, 해상보험, 자동차보험

2) 책임보험

- 타인에게 끼친 손해를 보상
- 예: 배상책임보험, 자동차보험(대인배상)

3) 특수보험/기타 보험

- 특정 위험을 보장
- 예: 여행보험, 항공보험, 운송보험

6장

예금자보호제도

예금자보호제도는 은행이나 저축은행 같은 금융회사가 파산하거나 영업을 중단했을 때, 예금자(개인 및 법인 포함)의 돈을 일정 한도까지 보호해 주는 제도이다. 한국에서는 「예금자보호법」에 따라 예금보험공사가 운영하고 있다.

1. 보호 대상

은행, 저축은행, 보험사, 증권사, 종금사, 신탁회사 등에 맡긴 예금, 적금, 보험금, 일부 투자상품 등이 보호 대상이 된다.

우체국은 정부에 의해 원리금 전액이 지급보증되며, 신용협동기구(신용협동조합, 새마을금고, 농협, 수협 단위조합)는 자체연합회(중앙회) 기금으로 보호된다.

다만, 파생상품이나 고위험 투자상품(예: 주식, 펀드, 파생결합증권 등)은 보호 대상이 아니다.

2. 보호 한도

1인당, 1 금융회사 기준으로 원금과 이자를 합쳐 최대 1억 원(2025. 9월 이후부터)까지 보호

여러 은행에 돈을 맡겼다면 각각의 은행에서 1억 원까지 보호받을 수 있다.

- 예: A 은행에 1억 2천 원, B 은행에 9천만 원 → A 은행에서는 1억 원, B 은행에서는 9천만 원 → 총 1억 9천만 원 보호
- 보호 우선순위 : 원금–이자(예금담보대출, 비과세예금 우선)

3. 운영 주체

예금보험공사가 각 금융회사로부터 보험료(예금보험료)를 받아 적립해 두었다가, 해당 금융회사가 부실화되면 예금자들에게 지급한다.

4. 제도 취지

- 금융기관 파산으로 인한 예금자의 피해를 최소화
- 금융시장의 안정성 유지
- 금융회사에 대한 신뢰 확보

5. 예금자 보호 대상 금융상품

예금자보호제도에서 보호되는 금융상품(예금자 보호 대상 금융상품)은 「예금자보호법」에 따라 정해져 있다.

- 각 금융회사별로 1인당 원금+이자 합산 1억 원 한도

1) 은행

- 보통예금, 정기예금, 적금
- 당좌예금, 저축예금
- 양도성예금증서(CD)
- 환매조건부채권(RP)
- 표지어음

2) 저축은행

- 보통예금, 정기예금, 정기적금
- 표지어음, 저축예금 등

3) 보험회사

- 보험계약(예: 저축성보험, 일부 보장성보험의 해약환급금, 만기환급금)
- 단, 투자성 보험(변액보험의 투자 수익 부분)은 보호 제외

4) 종합금융회사(종금사)

- 예금, 적금, 표지어음, 종금사 발행어음 등

5) 증권회사

- 투자자예탁금(주식 거래를 위해 증권사 계좌에 넣어둔 현금)
- 환매조건부채권(RP)
- 주식, 채권, 펀드, 파생상품 등은 보호 제외

6) 신탁회사

원금과 이자가 사전에 보장되는 신탁상품(예: 특정금전신탁 중 원리금 보장형)

6. 예금자 보호 제외 대상

- 주식, 채권, 펀드, 파생상품 등 투자상품
- 변액보험의 투자 성과에 따라 변동되는 부분
- 외화예금 일부(국내 예금보험공사 보호 대상이 아님)
- 금융회사와 특수관계인의 예금

• 제3부 •

금융/재테크 세무 상식

1장

조세의 종류 및 제도

조세(Tax)는 국가나 지방자치단체가 공공재원 확보를 위해 법률에 따라 국민이나 기업으로부터 강제적으로 걷는 금전을 의미한다. 조세는 목적, 과세 대상, 납부 방식 등에 따라 여러 기준으로 분류할 수 있다.

1. 조세의 목적에 따른 분류

- 국세: 중앙정부가 부과, 국가 재정 확보 목적 → 소득세, 법인세, 부가가치세, 상속세
- 지방세: 지방자치단체가 부과, 지역 재정 확보 목적 → 재산세, 자동차세, 주민세, 취득세

2. 과세 대상에 따른 분류

- 소득세적 조세: 개인이나 기업의 소득을 기준으로 부과(소득세, 법인세)
- 재산세적 조세: 토지 · 건물 · 자동차 등 재산을 기준으로 부과(재산세, 종합부동산세, 자동차세)
- 소비세적 조세: 재화나 서비스의 소비를 기준으로 부과(부가가치세, 개별소비세, 주세)

3. 납세의 부담 방식에 따른 분류

- 직접세: 납세자가 세금을 직접 부담 → 소득세, 법인세, 재산세
- 간접세: 납세자와 세금 부담자가 달라 소비자가 세금 부담 → 부가가치세, 개별소비세, 주세

4. 조세의 성격에 따른 분류

- 소득 재분배적 조세: 소득 재분배 기능, 경제적 형평성 강조 → 소득세, 상속세
- 행위 억제적 조세: 특정 행위 억제 목적 → 담배세, 주류세, 환경세
- 공공재원 조세: 일반 재정 수입 목적 → 법인세, 부가가치세, 재산세

2장

소득세의 이해

1. 소득세법

소득세법은 개인이나 법인이 얻는 소득에 대해 과세하는 법으로, 과세 대상, 계산 방법, 신고 및 납부 절차 등을 규정한 법률이다. 한국에서 개인의 소득에 대한 세금은 소득세법에 근거하며, 법인의 소득에 대한 세금은 법인세법에 따른다.

1) 소득세법의 목적

- 개인 또는 거주자의 소득에 대한 과세 기준 마련
- 공평 과세 및 조세 형평성 확보
- 국가 재정 수입 확보

2) 과세 대상(소득의 종류)

소득세법에서는 소득을 열 가지 종류로 구분한다.

구분	내용
근로소득	급여, 상여금, 퇴직금 등 근로에 따른 소득
사업소득	개인사업자가 영업활동으로 얻는 소득
이자소득	예금, 채권 등 금융상품에서 발생한 이자
배당소득	주식, 출자지분에서 발생한 배당금
연금소득	연금, 퇴직연금 등
기타소득	상금, 경품, 강연료 등 기타 소득
부동산임대소득	건물 · 토지 임대에서 발생한 소득
양도소득	부동산, 주식 등 자산 양도 차익
퇴직소득	퇴직금, 퇴직연금 등 일시금 수령 소득
종합소득	위 소득 중 합산 과세되는 소득 (근로·사업·이자·배당·연금·기타)

- 근로 · 사업 · 이자 · 배당 · 연금 · 기타소득은 일반적으로 종합소득에 포함되어 합산 과세된다.
- 양도소득과 퇴직소득은 분리과세가 가능하다.

3) 과세 방식

- 종합소득 과세: 여러 소득을 합산하여 누진세율 적용
- 분리과세: 특정 소득을 다른 소득과 합산하지 않고 별도 세율 적용 (예: 양도소득, 퇴직소득, 일부 금융소득)

4) 세율

- 종합소득세: 누진세율 적용(과세표준 구간에 따라 6%~45%)
- 분리과세: 고정 세율 적용(예: 양도소득세, 금융소득 일부)

5) 신고 · 납부

- 신고 기간: 매년 5월 1일 ~ 5월 31일(전년도 소득)
- 납부 방법: 신고와 동시에 납부, 원천징수 또는 분납 가능
- 원천징수: 급여, 이자, 배당 등은 지급 시 원천징수

6) 소득공제와 세액공제

- 소득공제: 과세표준을 줄여주는 공제
  - 인적공제, 연금보험료 공제, 의료비 · 교육비 공제 등
- 세액공제: 산출 세액에서 직접 차감
  - 자녀 세액공제, 근로소득세액공제, 주택자금공제 등

7) 이자소득세

이자 소득은 금융상품에서 발생하는 이자 수익을 의미하며, 소득세법상 개인의 소득에 포함되어 과세된다. 일반적으로 안정적 소득원으로 간주 되지만, 과세 방식과 원천징수 여부에 따라 세금 부담이 달라진다.

정의

‖ 금융자산(예: 예금, 적금, 채권, 금융기관 대출)에 대한 이용 대가로 받는 이자

‖ 예: 은행 예금 이자, 채권 이자, 금융기관 대출에 대한 이자 수익 등

과세 대상

금융상품 유형	과세 여부
예금, 적금	과세(원천징수 대상)
국채, 지방채	과세(단, 일부 비과세 가능)
회사채, 상환우선주	과세
금융기관 대출 이자	과세

* 비과세 예시: 정부가 정한 일부 장기주택저축, 세제 혜택 있는 특정 저축 상품

과세 방식

‖ 분리과세

– 금융소득(이자+배당)이 연 2,000만 원 이하: 15.4% 원천징수

– 금융소득이 연 2,000만 원 초과: 종합소득에 합산하여 종합소득세율 (6~45%) 적용

‖ 원천징수

– 금융기관이 이자 지급 시 세금을 자동 공제

– 납세자가 별도로 신고하지 않아도 기본 세금 처리가 완료

세율

‖ 기본 원천징수 세율: 14% + 지방소득세 1.4% = 총 15.4%

‖ 금융소득 합산 과세 시: 종합소득세율 적용

기타 사항

‖ 복리, 단리 관계없이 실제 발생한 이자 소득 과세

‖ 세액공제 대상이 아님(단, 비과세 · 감면 혜택 제외)

‖ 연금저축 · 주택청약 저축 등 일부 금융상품은 비과세

주요 핵심 내용

‖ 금융상품에서 발생한 이자 수익

‖ 대부분 원천징수 15.4%, 일정 기준 초과 시 종합소득 합산

‖ 일부 금융상품은 비과세 혜택 가능

3장

배당소득세의 이해

배당소득은 주식, 출자지분 등에서 발생하는 배당금이나 이익 분배금으로 얻는 소득을 의미하며, 소득세법상 과세 대상이다. 이자 소득과 마찬가지로 금융소득의 하나로 분류된다.

1. 정의

- 주식, 출자지분, 출자금 등에서 이익 배분으로 받은 금액
- 소득세법 제16조에서 규정
- 법인으로부터 개인이 받는 배당금 등
  상장주식 배당금, 비상장 주식 배당금, 펀드 배당금

2. 과세 대상

구분	설명
주식 배당	상장 · 비상장 주식에서 발생한 배당금
출자금 배당	협동조합, 유한회사 등에서 발생한 이익분배금
펀드 배당	주식형, 채권형 펀드에서 투자자가 받는 배당금
비과세 예외	장기주택저축, 특정 공익법인 배당 등 일부 제한

3. 과세 방식

1) 원천징수 분리과세

- 금융소득(이자+배당)이 연 2,000만 원 이하: 14% + 지방소득세 1.4% = 총 15.4% 원천징수

2) 종합소득 합산 과세

- 금융소득이 연 2,000만 원 초과: 다른 소득과 합산해 종합소득세율(6~45%) 적용
- 원천징수 세액공제 가능: 배당소득에 대해 이미 원천 징수된 세금은 종합소득 신고 시 공제 가능

4. 주요 특성

- 중간배당: 회계연도 중 일부 지급된 배당도 과세 대상
- 이중과세 방지: 배당금이 법인세 과세 후 지급되므로, 배당소득세 계산 시 일부 세액공제 가능
- 비상장 주식: 배당소득 계산 시 장부가액 기준 적용

5. 주요 핵심 내용

- 주식 · 출자금 등에서 발생한 이익 분배금
- 금융소득으로 분류되며, 원천징수 15.4%, 연 2,000만 원 초과 시 종합소득 합산
- 일부 배당금은 비과세 또는 세액공제 가능

4장

종합소득 과세제도

종합소득 과세제도는 개인이 얻는 여러 종류의 소득을 합산하여 누진세율을 적용해 과세하는 제도이다. 소득세법에서 핵심적인 과세 방식으로, 소득의 형평성과 공평 과세를 실현하는 목적을 가지고 있다.

1. 정의

- 개인의 근로소득, 사업소득, 이자 소득, 배당소득, 연금소득, 기타 소득 등 여러 소득을 합산해 종합 과세
- 일정 기준을 초과하지 않는 양도소득, 퇴직소득 등은 분리과세

2. 과세 대상 소득

구분	포함 여부
근로소득	○
사업소득	○
이자소득	금융소득 2,000만 원 이하만 합산
배당소득	금융소득 2,000만 원 이하만 합산
연금소득	○
기타소득	연 300만 원 초과 일부 포함

- 금융소득(이자+배당)이 연 2,000만 원 초과이면, 초과분은 종합소득 합산 과세

3. 계산 방법

- 총수입금액 합산: 각 소득 종류별 수입금액 합산
- 필요경비 · 소득공제 차감 → 과세표준 계산
- 누진세율 적용 → 산출 세액 결정
- 세액공제 적용 → 최종 세액 결정

4. 누진세율
(2025년 기준, 근로·사업·기타소득 기준)

과세표준	세율	누진 공제
1,200만 원 이하	6%	0
1,200만 원 ~ 4,600만 원	15%	108만 원
4,600만 원 ~ 8,800만 원	24%	522만 원
8,800만 원 ~ 1억 5천만 원	35%	1,490만 원
1억 5천만 원 ~ 3억 원	38%	1,940만 원
3억 원 ~ 5억 원	40%	2,540만 원
5억 원 이상	45%	4,540만 원

- 실제로는 근로소득세액공제, 세액공제, 비과세 등을 적용하여 최종 세액 산출

5. 신고 및 납부

- 신고 기간: 매년 5월 1일 ~ 5월 31일(전년도 소득 기준)
- 납부 방법: 신고와 동시에 납부, 일부는 원천징수

6. 특징

- 소득 합산: 소득 수준에 따른 누진세율 적용
- 과세 형평성 확보: 고소득자일수록 높은 세율 적용

- 분리과세와 병행: 일부 금융소득, 양도소득 등은 별도 과세

7. 주요 핵심 내용

- 종합소득 과세제도는 개인의 여러 소득을 합산해 과세하는 누진 세제
- 금융소득, 연금소득, 근로 · 사업소득 등이 대상
- 소득공제와 세액공제를 적용해 실질적 세 부담 조정

5장

연말정산

연말정산은 근로소득자가 1년 동안 납부한 근로소득세를 정산하는 절차이다. 다시 말해, 1년간 낸 세금이 너무 많았는지(환급), 적게 냈는지(추가 납부)를 계산하는 과정을 통해 정산하는 절차이다.

13월의 월급이라고 불리는 이유이며, 합리적인 꼼꼼한 절세전략을 통해 추가 납부가 아닌 추가 월급이 되도록 만들 수 있다.

1. 기본 개념 요약

대상자	근로소득자(직장인)
기간	보통 매년 1월~2월 사이 (전년도 소득 기준)
주체	회사(원천징수의무자)가 근로자를 대신해 국세청에 신고
목적	과세표준 확정 및 세금 환급/추가 납부 결정

2. 정산 절차

- 국세청 홈택스 간소화 서비스 열림(보통 1월 15일경): 의료비, 교육비, 보험료, 기부금 등 공제자료 확인 가능
- 회사에 자료 제출: 간소화 자료 + 추가 증빙(예: 월세, 신용카드 사용 내역 등)
- 회사에서 정산: 1월 급여나 2월 급여 지급 시 세금 환급 또는 추가 납부 반영
- 3월경 최종 신고 및 환급

3. 주요 공제 항목 및 주의 사항

구분	내용	한도
인적공제	본인, 배우자, 부양가족 등	1인당 150만 원
보험료공제	건강보험, 고용보험 등	전액 가능
의료비공제	본인 · 가족의 병원비	총급여 3% 초과분
교육비공제	본인 · 가족의 학자금 등	항목별 상이
신용카드 공제	사용 금액 일정 비율	최대 300만 원
기부금 공제	법정 · 지정기부금	항목별 상이
주택 관련 공제	월세, 전세 자금 대출, 주택담보대출이자	항목별 상이

- 신용카드보다 체크카드 · 현금영수증 사용 비중이 높을수록 유리
- 연금저축(연 400만 원 한도), IRP(연 700만 원 한도) 납입 시 세액공제 가능
- 부양가족 등록 누락 주의(대학생 자녀, 부모님 등)

• 월세 세액공제: 무주택 세대주일 경우 공제 가능

4. 연말정산 환급 전략

1) 체크카드 · 현금영수증 사용 비중 확대(신용카드 대비)

소득공제율 차이

구분	공제율
신용카드	15%
체크카드 · 현금영수증	30%
전통시장 · 대중교통	40%

* 동일한 금액을 사용해도 체크카드가 2배 이상 공제됨

* 연말에 필요한 소비는 체크카드로 몰아서 사용하는 게 유리함

2) 연금저축 + IRP 세액공제 한도 관리

• 세액공제율

– 총급여 5,500만 원 이하 → 16.5%

– 5,500만 원 초과 시 → 13.2%

• 한도

– 연금저축 400만 원+IRP 300만 원 = 총 700만 원까지

– 700만 원×16.5% = 최대 115,500원 환급

• 납입 시점은 12월 31일까지 입금 완료해야 인정됨

3) 의료비 공제: 총급여의 3% 초과분

- 예시: 총급여 5,000만 원이라면, 150만 원 초과 의료비만 공제됨
- 본인, 배우자, 자녀, 부모님 등 부양가족의 병원비도 포함 가능
- 미용 · 성형 · 비급여 진료는 제외

4) 교육비 공제 확인

- 본인 대학원 등록금도 공제 가능
- 자녀의 학원비는 초중고 방과후학교, 교습소만 인정
- 사교육비나 유치원 특별활동비는 제외

5) 월세 세액공제

- 조건
  - 총급여 7천만 원 이하 무주택 세대주
  - 전용면적 85㎡ 이하, 보증금 3억 이하
- 공제율: 12~15% (소득 수준에 따라 다름)
- 한도: 연 750만 원까지 인정

6) 부양가족 등록

- 공제 대상: 배우자, 자녀, 부모님 등 연간소득 100만 원 이하
- 부모님은 동거하지 않아도 가능(단, 주민등록상 가족관계 증명 필요)
- 자녀의 아르바이트로 100만 원 넘게 소득 발생 시 공제 불가

7) 기부금 영수증 챙기기

- 기부금은 대부분 세액공제 항목
- 교회 · 복지단체 기부금도 간소화 서비스에 자동 반영되지만, 누락 시 직접 제출

8) 보험료 · 연금보험료 확인

- 국민연금, 건강보험 등은 자동 반영
- 개인 보험(보장성 보험)은 본인 명의만 공제 가능
- 저축성 보험은 공제 불가

9) 전통시장 · 대중교통 이용

- 신용카드 소득공제율 40% 적용
- 연말정산에서 의외로 환급 폭이 큰 항목
- 시장 · 버스 · 지하철 이용 금액은 자동 집계됨

10) 환급 전략 요약

항목	전략
카드 사용	신용카드 < 체크카드/현금영수증
연금저축 · IRP	연 700만 원 한도 채우기
부양가족	소득요건 · 등록 여부 확인
월 세	무주택 세대주라면 꼭 공제신청
기부금	누락 없는지 확인
미리보기	12월 전 홈택스 시뮬레이션 활용

6장

양도소득세의 이해

1. 양도소득세 정의

양도소득세는 부동산, 주식, 기타 자산을 양도하여 얻은 차익(양도차익)에 대해 부과되는 세금이다.

- 소득세법과 조세특례제한법에서 규정
- 부동산, 상장주식, 비상장 주식, 골동품 등 특정 자산이 과세 대상
- 양도소득 = 양도가액 – 취득가액 – 필요경비 – 기타 공제

2. 과세 대상

- 부동산
  – 주택, 토지, 상가 등
  – 1세대, 1주택 비과세 조건 제외

- 주식
  - 상장주식: 대주주만 과세
  - 비상장 주식: 모든 양도 과세
- 기타 자산
  - 골동품, 귀금속, 특정 권리 등

3. 과세 방식

- 분리과세: 종합소득과 합산하지 않고 별도로 세율 적용
  - 주택 · 토지 등은 양도소득세율 적용(기본 · 중과세율 존재)

부동산 양도소득세율(예시)

구분	세율
기본세율	6~45% (차익 규모에 따라 누진)
단기 보유, 다주택자	10~80% 중과세

주식 양도소득세율

구분	세율
상장주식(대주주)	20~25%
비상장 주식	10~25% (차익 · 보유기간에 따라)

4. 양도소득세 과세 흐름

양도소득세 과세 과정은 단계별 흐름대로 계산하는 방식이다.

- 양도 계약 체결: 매도 · 매수 계약 후 양도가액 확정
- 양도차익 계산: 양도가액, 취득가 액, 필요경비, 장기 보유공제 등 공제
- 과세표준 산출: 양도차익에 적용되는 세율 확인
- 세액 계산: 기본세율, 중과세율, 장기 보유공제 적용 후 산출
- 신고 · 납부
  - 부동산: 양도일이 속하는 달의 말일로부터 2개월 이내 신고
  - 주식: 양도일이 속하는 달 분기별 신고 · 납부
- 납부 완료 후 양도소득세 확정

5. 주요 핵심 내용

- 양도소득세: 자산 양도차익에 대한 세금
- 부동산 · 주식 · 기타 자산 과세
- 분리과세 적용, 필요경비 · 공제 · 중과세율 고려
- 신고 · 납부 시점 지키기

7장

상속/증여세의 이해 및 절세전략

상속세와 증여세는 개인이 재산을 이전받거나 증여받을 때 부과되는 세금으로, 재산 이전 과정에서 조세 형평성을 확보하고 부의 집중을 완화하는 목적이 있다.

1. 정의

1) 상속세

- 사람이 사망하면서 남긴 재산을 상속받는 경우 부과되는 세금
  → 부동산, 금융자산, 기타 재산

2) 증여세

- 살아있는 사람이 다른 사람에게 재산을 무상으로 이전할 때 부과되는 세금
  → 현금, 부동산, 주식 등 모든 자산

2. 과세 원칙

- 상속세와 증여세는 통합과세 구조
- 일정 금액을 초과하면 상속세와 증여세 합산하여 세율 적용 가능
- 상속 · 증여 공제 적용 가능

3. 과세 절차

1) 상속세

- 상속재산 평가: 부동산, 금융자산, 주식, 기타 자산 평가
- 상속공제 적용: 배우자 공제, 자녀 공제, 일괄공제 등
- 과세표준 계산: 상속재산 총액 – 공제액 = 과세표준
- 세율 적용: 누진세율 10%~50% 적용(과세표준 구간별)
- 신고 및 납부: 상속 개시일로부터 6개월 이내 신고 · 납부
- 일부 연부연납 가능

2) 증여세

- 증여재산 평가: 현금, 부동산, 주식, 채권 등
- 증여공제 적용: 1인당 10년 기준 일정 금액 비과세(예: 배우자 6억 원, 직계비속 5천만 원 등)
- 과세표준 계산: 증여재산 총액 – 공제액 = 과세표준
- 세율 적용: 누진세율 10%~50% 적용
- 신고 및 납부: 증여일이 속하는 달의 말일로부터 3개월 이내 신고·납부

4. 상속세·증여세 세율(2025년 기준)

과세표준	세율	누진 공제
1억 원 이하	10%	0
5억 원 이하	20%	1,000만 원
10억 원 이하	30%	6,000만 원
30억 원 이하	40%	1억 6,000만 원
30억 원 초과	50%	4억 6,000만 원

- 증여세도 상속세와 동일한 누진세율 적용

5. 주요 특징

- 상속세와 증여세는 통합적 관리
- 재산 이전 시 과세: 사전 증여 시 증여세, 사망 시 상속세
- 누진세율 적용: 고액 재산일수록 높은 세율
- 공제·비과세 제도: 배우자, 직계비속, 농지·주택 등 일부 재산 비과세

6. 절세전략

상속세 · 증여세 절세전략은 가족 간 재산 이전 시 세금을 합법적으로 최소화하는 방법을 말하며, 공제, 분산, 생전 증여, 합리적 자산 구성 등이 핵심이다.

1) 공제 활용 전략

전략	설명	적용 예시
배우자 공제	배우자에게 상속 · 증여 시 일정 금액 비과세	상속: 6억 원, 증여: 6억 원 (10년 기준)
직계비속 공제	자녀, 손자 등에게 증여 시 비과세	10년 기준 5천만 원
일괄공제 /기타 공제	장애인, 농지 · 주택 등 특수 재산 공제	공익법인 기부 등

2) 생전 증여 활용

- 상속세 부담 완화: 사망 전에 증여하면 상속재산 축소
- 10년 주기 증여 전략: 배우자 · 자녀 별 공제 한도를 10년마다 활용
- 부동산 · 금융자산 혼합 증여: 비과세 · 공제 최대화

3) 자산 구성 전략

전략	설명
현금 · 금융자산 활용	증여세 계산 시 자산 유동성 높음, 평가 간단
부동산 공제 · 분할 증여	공동명의, 지분 나누기 ▶ 누진세율 완화
비과세 · 감면 활용	농지, 장기주택, 공익법인 기부 등 세제 혜택 활용

4) 상속재산 분산 전략

- 누진세율 회피: 상속재산을 배우자, 자녀, 손자 등에게 나누어 상속
- 증여와 상속 혼합: 생전 증여 후 남은 재산은 상속 → 전체 세금 부담 완화

5) 신고 · 납부 시점 전략

- 연부연납 활용: 상속세 일부 납부 연기 가능 → 유동성 확보
- 증여 시점 분산: 10년 주기 활용, 누진세율 최소화

6) 주요 핵심 내용

- 공제 최대 활용: 배우자 · 직계비속, 특수자산 공제
- 생전 증여: 사망 이전 재산 이전으로 상속세 절감
- 자산 분산 · 혼합: 누진세율 완화, 유동성 확보
- 신고 · 납부 전략: 연부연납 · 분산 신고 활용

8장

해외투자 시 과세 방식

해외투자 시 과세 방식은 투자 형태(주식, 채권, 펀드, 부동산 등)와 투자자가 개인인지 법인인지, 그리고 거주자/비거주자 여부에 따라 달라진다.(본 장은 한국 거주자 기준)

1. 해외 금융투자(주식·채권·펀드 등)

1) 해외주식 · 채권 직접 투자

- 양도소득세 과세
  - 해외주식 · 채권 매매차익은 양도소득세 과세 대상
  - 세율: 기본세율 22%(지방세 포함)
  - 기본공제 250만 원 적용
  - 손익통산 가능(같은 과세기간 내 해외주식 간 손익합산)

예시

‖ 해외주식 투자 이익 1,000만 원 - 손실 400만 원 → 순이익 600만

‖ 과세표준 = 600만 - 250만(기본공제) = 350만 원

‖ 세금 = 350만 × 22% = 77만 원

2) 해외펀드 · ETF 투자

- 국내 판매 금융기관을 통한 해외펀드
  - 배당 · 이자 소득은 금융소득(이자 · 배당소득세 15.4%) 원천징수
  - 해외펀드 매매차익은 배당소득으로 간주 되어 종합 과세 대상
- 직접 해외 ETF 투자(예: 미국 상장 ETF)
  - 매매차익 → 해외주식과 동일하게 양도소득세 과세
  - 분배금(배당금) → 미국 등 원천징수 후(예: 미국 15%) 한국에서 종합 과세 포함

2. 해외 부동산 투자

- 양도소득세: 해외 부동산 매각 시 양도차익 과세(국내외 부동산 모두 동일)
- 임대소득세: 임대수익 발생 시 종합소득세 과세

  → 해외에서 납부한 세금은 외국 납부세액 공제로 국내 세액에서 차감 가능

3. 과세 방식 정리

투자유형	과세 방식	비고
해외주식 직접투자	양도소득세 22% (기본공제 250만 원)	손익통산 가능
해외채권 직접투자	양도 차익은 양도소득세, 이자수익은 금융 소득세(15.4%)	
해외 ETF (직접)	매매차익은 양도소득세, 배당금은 배당소득세	미국 원천징수 고려
해외펀드 (국내 판매)	배당 · 이자소득세 15.4% 원천징수	종합과세 대상
해외부동산	양도 차익→양도소득세, 임대수익→종합소득세	외국 납부세액 공제 가능

4. 외국 납부 세액공제

- 동일 소득에 대해 해외에서 이미 납부한 세금이 있다면, 한국에서 산출된 세액에서 공제 가능
- 단, 한국에서의 세액 한도를 초과해 공제 불가함

5. 주요 핵심 내용

- 해외주식 · 채권 · ETF 직접 투자: 양도소득세 22%(기본공제 250만 원)
- 해외펀드·배당·이자: 금융 소득세 15.4% 원천징수(종합 과세 포함)
- 해외 부동산: 국내 부동산과 동일한 과세 방식

- 외국 납부 세액공제로 이중과세 방지 가능

6. 해외투자 절세전략

1) 해외주식 · ETF 직접 투자

- 손익통산 활용

  같은 과세기간(1.1~12.31) 안에서 해외주식 간 이익과 손실을 합산해 세금 줄이기 가능
- 예: A주식+1,000만 원 이익, B주식-500만 원 손실 → 순이익 500만 원 → 기본공제(250만 원) 적용 시 세금 거의 없음
- 손실 이월공제 불가 주의
  - 한국은 해외주식 양도손실을 다음 해로 이월공제 불가 → 연말에 손실 종목 정리해 세 부담 조정
- 부부 간 증여 활용
  - 세율은 22% 단일이므로, 고액 차익 예상 시 배우자에게 증여 후 매도하는 방식으로 절세 가능
- 배우자 증여공제 6억 원까지 비과세

2) 해외펀드 · 해외 채권

- ISA 계좌 활용: ISA 계좌 내에서 발생한 해외펀드 · 채권 수익은 200만~400만 원 비과세 + 초과분 9.9% 분리과세
  - 일반 과세(15.4%)보다 절세효과 큼
- 세금 분산: 해외펀드의 이자 · 배당은 금융소득 종합 과세 대상: 연

간 금융소득(이자+배당) 2천만 원 초과 시 최고 49.5% 과세

– 종합 과세가 예상되면 가족 명의 분산투자로 절세 가능

3) 해외 부동산

- 외국 납부세액 공제 적극 활용
  - 해외에서 이미 낸 세금이 있다면 한국에서 공제 가능
  - 해외세율이 한국보다 높으면 추가 납부 없음
- 임대소득 분산
  - 임대수익이 큰 경우 가족에게 지분 증여하여 과세표준 분산 가능

4) 공통 절세전략

- 해외계좌 신고(해외금융계좌 신고제): 매년 6월, 잔액 합계가 5억 원 이상이면 반드시 신고해야 함(미신고 시 가산세, 과태료)
- 투자 지역별 원천 징수율 확인: 예를 들어 미국 배당소득은 15% 원천징수 → 한국 세금에서 공제 가능
- 투자 시기 조정: 해외주식 매도 시점을 다음 해로 미루거나 손실 실현 시점을 조정하여 세 부담 관리

9장

종합 절세전략

절세전략은 세법에서 허용하는 범위 내에서 합법적으로 세금 부담을 최소화하는 방법을 말하며 개인, 기업, 부동산, 금융 등 상황에 따라 다양한 전략이 있다.

1. 개인 소득세 절세전략

전략	설명	활용 예시
소득공제 활용	과세표준을 줄여 세금을 낮춤	연금보험료, 의료비, 교육비, 기부금 공제
세액공제 활용	산출 세액에서 직접 차감	근로소득세액공제, 자녀 세액공제, 주택자금공제
연금 · 저축 상품 활용	비과세 · 세액공제 혜택	IRP, 연금저축, 주택청약종합저축
소득 분산	가족 구성원 간 소득 분산	배우자 · 자녀에게 자산 이전으로 금융소득 분산
연말정산 전략	공제 항목 미리 계획	신용카드 · 현금영수증, 보험료, 교육비 등 미리 체크

2. 금융소득 절세

전략	설명
비과세 · 분리과세 금융상품 활용	특정 저축, 국채, 장기펀드 등
금융소득 분산	배우자 · 자녀 계좌 활용

3. 부동산 절세전략

전략	설명
1세대, 1주택 비과세 활용	1주택 양도 시 장기보유 특례
장기보유 · 임대 공제 활용	장기보유 시 양도소득세 공제
부부 공동명의 활용	양도 차익 분산
증여 시점 활용	증여공제 활용

4. 상속·증여 절세전략

전략	설명
배우자 · 자녀 공제 활용	공제 한도 최대 활용
생전 증여 활용	상속세 부담 줄이기
분할 상속 계획	누진세율 회피

5. 기업 및 사업자 절세전략

전략	설명
필요경비 적정 계상	사업소득 과세표준 낮춤
법인세 공제 활용	세액공제, 감가상각 활용
손익 통산 전략	손실 활용
퇴직연금 · 급여 계획	근로소득 절세

6. 핵심 전략 기준

- 합법적 범위 내 절세: 탈세가 아님
- 세금 우대 제도 활용: 공제, 비과세, 세액공제
- 소득 · 자산 분산 전략: 누진세율 최소화
- 장기적 계획: 상속 · 증여, 부동산 등은 장기 전략 필요

경제 용어 상식 2

◆ ESG경영

E(Environment, 환경) S(Social, 사회) G(Governance, 지배구조)의 약자로, 기업이 단순히 이윤만 추구하는 것이 아니라, 환경 보호, 사회적 책임, 투명한 경영을 함께 실천하는 경영 방식을 뜻한다.

◆ 그레셤의 법칙

악화(惡貨)가 양화(良貨)를 구축한다.

즉, 같은 액면가를 가진 화폐 중에서 실질 가치가 낮은 화폐(악화)가 시장에서 더 많이 유통되고, 가치가 높은 화폐(양화)는 사람들에게 저장되거나 사라지는 현상을 말한다.

16세기 영국의 재정가 토머스 그레셤이 처음 제시한 용어로 당시 영국에서는 은화(은 함량이 높은 화폐)와 은 함량이 낮은 화폐가 같은 명목가치로 사용되었다.

사람들이 은이 많이 든 동전(양화)은 모아두거나 외국에 팔고, 은이 적은 농선(악화)만 거래에 사용하게 되는 현상에 대한 표현이다.

◆ 매파와 비둘기파

중앙은행(금리정책 담당자)의 통화정책 성향을 나타내는 비유적 표현

비둘기파: 경기 침체를 막기 위해 금리를 낮춰야 한다는 통화확장 정책 입장

매파: 인플레이션(물가 상승)을 억제하기 위해 금리를 올려야 한다는 통화 긴축 정책 입장

◆ 골디락스(Goldilocks)

이 단어는 동화 『골디락스와 세 마리 곰』에서 유래했으며, 너무 뜨겁지도, 너무 차갑지도 않은 '딱 좋은 상태'를 의미한다.

골디락스(Goldilocks) 경제란 경기가 과열되지도, 침체되지도 않은 적정 성장 상태를 말한다.

◆ 지니계수(Gini Coefficient)

소득 분배의 불평등 정도를 나타내는 대표적인 지표이다.

한 사회의 소득이나 부의 분배가 얼마나 균등한가를 0부터 1 사이의 값으로 나타낸 지수이다.

0에 가까울수록 → 완전한 평등 (모두 같은 소득)

1에 가까울수록 → 극심한 불평등 (소수가 대부분의 소득 보유)

♦ 정보의 비대칭성

거래 당사자 중 한쪽이 다른 쪽보다 더 많은 정보를 가지고 있는 상황을 말한다. 이 때문에 시장 효율성(Efficiency)이 깨지고, 비합리적인 결과가 생긴다.

대표적 이론: 조지 애컬로프(George Akerlof)의 「레몬시장 이론」

중고차 시장에서 좋은 차(복숭아, Peach)와 나쁜 차(레몬, Lemon)가 섞여 있음

구매자는 어떤 차가 좋은지 모름 → 평균 가격만 제시

결과적으로 좋은 차 주인들은 거래를 포기하고, 나쁜 차(레몬, Lemon)만 시장에 남게 됨

정보 비대칭 → 시장 붕괴

→ 이 연구로 애컬로프는 2001년 노벨경제학상을 수상했음

♦ 캐리트레이드(Carry Trade)

금리가 낮은 나라에서 돈을 빌려, 금리가 높은 나라의 자산에 투자하여 금리 차(이자 차익)로 수익을 얻는 투자 전략이다.

저금리 통화로 자금 조달

→ 예: 일본 엔화, 스위스 프랑 등

고금리 통화 자산에 투자

→ 예: 미국 달러, 호주 달러, 브라질 헤알 등

이자(금리 차) 수익 + 환율 변동 이익을 노림

♦ 한국은행 기준금리(Base Rate / Policy Rate)

한국은행이 금융시장에 신호를 주기 위해 정하는 대표 금리로, 시중 금리(대출 · 예금 금리 등)와 경제활동에 직접적인 영향을 미치는 정책 금리이다. 단기적으로는 콜금리, 장기적으로는 대출 · 채권 금리에 영향

〈역할과 목적〉

1. 물가 안정

– 인플레이션이 과열되면 금리 인상 → 대출 억제 → 소비 · 투자 감소

– 물가가 낮거나 경기 둔화 시 금리 인하 → 소비 · 투자 활성화

2. 경기 조절

– 금리를 조정하여 총수요를 관리, 경기 과열 · 침체 완화

3. 금융시장 안정
- 단기금리, 대출금리, 채권시장 금리의 기준점 역할
- 금융기관 간 자금 흐름 안정화

♦ 사이드카(Sidecar)

주가 급등락 시 시장을 안정시키기 위한 안전장치를 의미한다.
선물 가격이 급등 · 급락할 때 일정 시간 동안 프로그램 매매(자동 매매)를 제한하거나 주식 거래를 일시 정지하는 제도이다.
코스피200 선물 가격이 ±5% 이상 변동 시 발동됨
미국의 옵션 · 선물 가격 폭등을 방지하는 '서킷브레이커(Circuit Breaker)'와 유사하지만, 범위와 방식이 조금 다름

♦ 그림자금융(Shadow Banking)

전통적 은행을 통하지 않고 자금을 빌리거나 투자하는 금융 활동을 말한다.
- 은행처럼 금융 서비스를 제공하지만, 규제 대상이 아님
- 예: MBS, 기업어음, 증권화, 투자 펀드 등

• 제4부 •

금융상품의 이해

1장

은행의 금융상품

1. 보통예금

보통예금은 가장 기본적이고 일반적인 은행 예금 상품으로, 자유로운 입출금과 안전성을 중심으로 하는 금융상품이다.

1) 정의

은행에 돈을 맡기고, 필요할 때 자유롭게 입출금할 수 있는 예금이며, 일반적으로 이자율은 낮지만, 유동성이 높고 가장 안전한 상품이다.

2) 특징

항목	설명
입출금 자유	예치 기간 제한 없음, 자유롭게 입출금 가능
이자 지급	대부분 저금리, 월 단위 혹은 연 단위 지급
유동성	언제든 현금화 가능, ATM · 인터넷뱅킹 이용 가능
안전성	예금자 보호 대상 (1인당 최대 1억 원까지 보호)
계좌 종류	개인용, 법인용, 공동명의 가능

3) 금리

- 변동금리형: 은행 정책 · 시장 금리에 따라 변동
- 일반적으로 정기예금보다 낮음(안정성과 유동성이 우선)
- 이자 소득은 이자소득세 15.4% 원천징수

4) 활용

- 단기 자금 관리: 급여, 생활비, 단기 여유자금
- 비상금통장: 언제든 사용 가능, 안전성 확보
- 자산 배분: 투자 · 정기예금 등 다른 금융상품과 병행

5) 주요 핵심 내용

- 보통예금 = 자유로운 입출금 + 안전성 중심 통장
- 이자 낮음, 유동성 높음, 원천징수 15.4% 적용
- 단기 자금 관리 · 비상금용으로 적합

2. 정기예금

정기예금은 일정 기간 동안 은행에 돈을 예치하고 약정된 이자를 받는 예금으로, 보통예금보다 금리가 높지만 중도 인출 제한이 있는 금융상품이다.

1) 정의

- 은행과 계약한 정해진 기간 동안 예치

- 만기 시 원금 + 약정 이자 지급
- 중도 인출 시 이자 손실 발생 가능

2) 특징

항목	설명
예치 기간	1개월~5년 이상, 고객 선택 가능
금리	보통예금보다 높음, 고정금리 · 변동금리 선택 가능
중도 인출	원칙적으로 제한, 중도 해지 시 이자 손실 가능
안전성	예금자 보호 대상 (1인당 최대 1억 원까지 보호)
이자 지급 방식	만기일 시 지급, 월/분기/연 단위 지급 가능

3) 금리

- 고정금리형: 예치 기간 동안 금리 변동 없음
- 변동금리형: 기준금리 변동에 따라 금리 조정
- 일반적으로 기간이 길수록 금리 높음
- 이자소득세 15.4% 원천징수 적용

4) 주요 활용

- 중기 자금 운용: 6개월~3년 사이 목돈 운용
- 안정적 투자: 원금 손실 없음, 금리 수익 확보
- 목표 자금 확보: 여행, 결혼, 학자금 등 목적 자금 마련

5) 주요 핵심 내용

- 정기예금: 일정 기간 예치 + 약정 이자 수익
- 보통예금보다 금리가 높으며 중도 인출이 제한됨
- 안정성과 금리 수익 중심의 중기 자금 운용

3. 정기적금

정기적금은 일정 기간 동안 매월 일정 금액을 은행에 납입하고 만기 시 원금과 이자를 받는 저축 상품입니다. 정기예금과 달리 매월 저축하면서 목돈을 만드는 방식이 특징이다.

1) 정의

- 매월 일정 금액을 일정 기간 동안 저축
- 만기 시 원금+약정 이자 수령
- 장기적, 계획적 자금 마련에 적합
- 매달 일정액을 조금씩 모아 만기에 큰돈 만드는 통장

2) 특징

항목	설명
납입 방식	매월 일정 금액 정기 납입
예치 기간	보통 6개월~5년, 기간 선택 가능
금리	정기예금보다 약간 높음, 고정금리 · 변동금리 선택 가능
중도 해지	일부 또는 전체 해지 시 이자 손실 가능
안전성	예금자 보호 대상(1인당 최대 5,000만 원)
이자 지급 방식	만기일 시 지급이 일반적

3) 금리

- 고정금리형: 납입 기간 동안 금리 고정
- 변동금리형: 기준금리 변동 시 금리 조정
- 이자소득세 15.4% 원천징수

4) 주요 활용

- 목표 자금 마련: 결혼, 학자금, 여행 등
- 습관적 저축: 매달 자동 납입으로 저축 습관 형성
- 안정적인 금융자산 운용이 가능하며 원금 손실이 없음

5) 주요 핵심 내용

- 정기적금 = 매월 일정액 저축, 만기 시 원금과 이자 수령
- 정기예금보다 계획적 저축에 적합, 금리는 약간 높음
- 안전성과 목돈 마련용으로 활용

4. MMDA
(Money Market Deposit Account, 머니 마켓 예금)

MMDA는 보통예금과 정기예금의 장점을 결합한 고금리 예금상품으로, 단기 금융시장 금리를 반영하면서 유동성과 안정성을 동시에 제공한다.

1) 정의

- 단기 금융상품의 금리를 반영하는 예금 계좌
- 보통예금처럼 입출금 가능, 정기예금처럼 높은 금리 제공
- 미국에서는 주로 머니마켓펀드(MMF)와 유사하게 운용, 한국에서는 일부 시중은행에서 제공
- 자유롭게 입출금하면서 금리 혜택도 누리는 예금

2) 특징

항목	설명
입출금 자유	일정 조건 하 자유롭게 출금 가능
금리	보통예금보다 높음, 단기 시장금리 연동
최소예치금	일반적으로 최소 예치금 필요 (100만~1천만 원)
안전성	예금자 보호 가능
이자 지급	일별 잔액 기준으로 월 단위 지급

3) 금리 구조

- 시장금리 연동: 단기금리 변동에 따라 금리 조정
- 일별 계산, 월/분기 단위 지급
- 이자소득세 15.4% 원천징수 적용

4) 활용

- 단기 자금 운용: 수시 입출금이 필요한 여유자금
- 보통예금 대체: 금리는 높지만, 유동성 확보 가능
- 투자 전 대기 자금: 금융상품 투자 전 안전하게 예치

5) 주요 핵심 내용

- MMDA : 보통예금과 정기예금 장점 결합
- 유동성 높음, 보통예금보다 높은 금리
- 단기 여유자금 운용, 안전한 대기 자금으로 활용

5. CD(Certificate of Deposit, 양도성예금증서)

CD는 일정 기간 은행에 예치하고 만기 시 약정 금리로 원금과 이자를 받는 예금상품으로, 시장성 있는 정기예금이라고 볼 수 있다.

1) 정의

- 은행이 발행하는 정기예금 증서
- 일정 기간 동안 예치하면 원금, 약정 이자 지급
- 양도 가능: 다른 사람에게 매매 가능(유동성 확보)
- 은행과 약속한 기간 동안 예치하고, 필요시 증서를 팔아 현금화할 수 있는 정기예금

2) 특징

항목	설명
예치 기간	1개월~5년 이상, 만기 전 해지 가능하지만 금리 손실 가능
금리	고정금리 또는 변동금리, 일반 정기예금보다 조금 높음
양도성	발행 증서를 다른 사람에게 양도 가능 (시장성 확보)
안전성	예금자 보호 대상
이자 지급	만기일 시 지급, 일부 상품은 중간 지급 가능
최소예치금	보통 수백만 원 이상 필요

3) 금리

- 고정금리형: 만기까지 금리 고정
- 변동금리형: 시장금리 변동에 따라 조정

4) 활용

- 중 · 장기 목돈 운용: 금리 수익 확보 목적
- 증서 양도 활용: 유동성 필요시 타인에게 매각 가능
- 안정적 투자: 원금 보장, 상대적으로 높은 금리

5) 주요 핵심 내용

- 양도 가능한 정기예금
- 고정/변동 금리, 만기까지 원금 + 이자 확보, 필요시 증서 양도 가능
- 중 · 장기 안전 투자 및 유동성 확보용

6. 비과세 종합저축

비과세 종합저축은 일정 조건을 만족하면 이자 소득에 대해 세금을 부과하지 않는(비과세) 저축 상품으로, 중 · 장기 자금 운용과 절세 목적에 활용된다.

1) 정의

- 개인이 일정 금액 한도 내에서 은행, 우체국 등 금융기관에 예치
- 만기까지 이자 소득 비과세

- 세금 부담 없이 안정적인 수익 확보 가능

2) 가입 대상 및 한도

항목	내용
가입 대상	만 19세 이상 개인
한도	3,000만 원(연간 600만 원 납입 기준)
가입 기간	5년 이상(만기까지 유지 필요)
추가 납입	한도 내 자유롭게 납입 가능

3) 주요 특징

항목	설명
비과세 혜택	만기까지 이자소득세 면제
금리	고정금리 또는 변동금리, 일반 정기예금보다 낮거나 비슷
중도 해지	비과세 혜택 상실, 이자소득세 부과
유동성	기본적으로 만기까지 유지 필요, 일부 중도 인출 가능하지만 세제 혜택 제한

4) 활용

- 절세용 저축: 이자소득세를 회피할 수 있어 세금 부담 최소화
- 중 · 장기 자금 운용: 목돈 마련용, 안정적 수익 확보
- 금융상품 포트폴리오: 다른 예금 · 투자와 병행하여 활용

5) 주요 핵심 내용

- 이자소득세 없는 장기 저축
- 5년 이상 유지, 연간 · 총 납입 한도 존재
- 절세용, 중 · 장기 자금 운용용으로 적합

7. 주택청약 저축

주택청약 저축은 주택을 분양받기 위한 자격과 우선순위를 확보하기 위해 가입하는 저축 상품으로, 안정적 저축과 세제 혜택이 함께 제공되는 금융상품이다.

1) 정의

- 무주택 세대주가 주택청약(분양) 자격을 얻기 위해 은행 · 우체국에 가입하는 저축
- 일정 금액을 정기적으로 납입하면 청약 점수(순위)에 반영
- 집을 사기 위한 자격 점수를 쌓는 저축 통장

2) 가입 대상

항목	내용
대상	만 19세 이상 무주택 세대주
세대주 요건	본인 명의로 가입 가능, 세대주 확인 필요
가입 방법	은행, 우체국, 인터넷뱅킹 등
가입 제한	1인 1계좌 원칙

3) 주요 특징

항목	설명
납입 방식	매월 일정 금액, 최소 2만~50만 원
금리	고정금리 또는 변동금리, 일반 정기예금 수준
청약 우선순위	납입 기간과 금액에 따라 점수 산정, 청약 시 우선권 확보
세제 혜택	무주택 기간 2년 이상, 연 240만 원 이하 납입 시 이자소득세 비과세
만기 후 활용	주택청약 당첨 후 사용, 또는 일반 예금으로 환급 가능

4) 활용

- 주택 구입 준비: 청약 점수 확보
- 절세 혜택: 비과세 이자 소득 확보 가능
- 저축 습관 형성: 매월 정기 납입으로 목돈 마련

5) 주요 핵심 내용

- 청약 자격 확보, 비과세 저축
- 무주택 세대주 가입, 매월 정기 납입
- 청약 점수 상승 및 절세효과 동시 가능

2장

증권사/투자회사 금융상품

1. 주식 투자

주식 투자는 기업의 지분을 매수하여 주가 상승과 배당금을 통한 수익을 추구하는 금융투자 활동이다.

1) 정의

- 기업의 주식을 매수하여 소유권 일부를 확보하고, 주가 상승 및 배당금으로 수익을 얻는 투자활동을 말한다.
- 주식 소유자는 주주권(의결권, 배당금 수령권 등)을 가짐
- '기업에 투자하고, 기업 성장에 따른 이익을 나누는 활동'이다.

2) 주식투자 방법

- 직접투자: 증권사 계좌 개설 후 주식 직접 매매
- 간접투자: 펀드, ETF, 신탁 등을 통해 주식에 투자

- 장기투자: 기업 성장성을 보고 장기간 보유, 배당수익 확보

3) 수익 구조

- 주가 상승(양도차익): 매수 가격보다 높은 가격에 매도 → 차익 실현
- 배당금 수익: 기업 이익의 일부를 현금이나 주식으로 분배
- 기타 권리 수익: 주식매수선택권(스톡옵션), 무상증자 등

4) 위험 및 특징

항목	설명
시장 위험	주가 변동에 따른 손실 가능
기업 위험	기업 부도, 실적 악화 등 위험
유동성	상장주식은 시장에서 쉽게 매매 가능, 비상장 주식은 제한적
세금	양도소득세(대주주), 배당소득세 15.4% 원천징수 적용

5) 투자전략

- 분산투자: 여러 주식이나 ETF로 리스크 분산
- 장기투자: 기업 성장성과 배당수익 고려
- 기술적/기본적 분석 활용: 주가 동향 및 기업 가치 분석
- 목적에 맞게 투자: 단기 매매 vs 장기 성장 투자

6) 주요 핵심 내용

- 주식 투자 : 기업 지분 매수로 주가 상승 및 배당수익 목표
- 직접/간접투자 가능, 장기 · 단기 전략 선택

- 수익과 위험이 동시에 존재

2. 채권 투자

채권 투자는 정부, 공공기관, 기업 등이 발행한 채권을 매수하여 이자 수익과 만기 상환을 통해 투자 수익을 얻는 금융 활동이다.

1) 정의

- 발행자가 일정 기간 동안 돈을 빌리고, 약속한 이자를 지급하며 만기일에 원금을 상환하는 금융상품
- 투자자는 고정금리 또는 변동금리 수익과 원금 상환을 기대할 수 있으며 돈을 빌려주고 증서에 약속된 이자를 받는 투자상품

2) 채권 종류

종류	설명
국채	국가가 발행, 안정적 수익, 저위험
지방채	지방자치단체 발행, 국채보다 다소 높은 금리
회사채	기업 발행, 국채 대비 위험↑, 금리↑
특수채	공기업 · 금융기관 발행, 안정성과 수익률 중간

3) 수익 구조

- 이자 수익(쿠폰): 약정 금리에 따른 정기적 이자 지급
- 매매차익: 발행가 대비 채권 가격 상승 시 매도 → 차익 실현

- 만기 상환: 원금 전액 반환

4) 주요 특징

항목	설명
안정성	국채, 지방채는 매우 안전, 회사채는 신용도에 따라 위험
유동성	상장 채권은 쉽게 매매 가능, 비상장 채권은 제한적
세금	이자소득세 15.4% 원천징수, 일부 국채는 비과세 가능
만기	단기(1년 이하), 중기(1~5년), 장기(5년 이상)

5) 투자전략

- 안정적 투자: 국채, 우량 회사채 중심으로 포트폴리오 구성
- 금리 변동 활용: 금리 하락기 → 채권 가격 상승, 금리 상승기 → 단기 채권 선호
- 분산투자: 만기, 발행기관, 신용등급 분산
- 만기 보유 vs 매매 전략: 안정적 이자 수익 vs 가격 차익 추구

6) 주요 핵심 내용

- 채권 투자는 발행자에 돈을 빌려주고 이자+원금 회수
- 국채는 안정, 회사채 금리 높음, 위험과 수익 선택 가능
- 세금: 이자소득세 15.4%, 일부 비과세 가능

3. 펀드 투자

투자자가 직접 주식이나 채권을 매수하지 않고, 펀드 운용사가 모은 자금을 다양한 자산에 분산 투자하여 수익을 얻는 금융 활동이다.

1) 정의

- 다수 투자자의 자금을 모아 전문 운용사가 주식, 채권, 부동산, 대체투자 등 다양한 자산에 투자
- 투자자는 펀드의 수익에 따라 배당금, 평가 차익을 수령하고, 전문가에게 맡겨 여러 자산에 분산 투자하는 금융상품

2) 펀드 유형

유형	설명
주식형 펀드	국내 · 해외 주식에 투자, 수익 · 위험 높음
채권형 펀드	국채 · 회사채 등 안정적 수익, 위험 낮음
혼합형 펀드	주식 · 채권 혼합, 위험 · 수익 균형
MMF/단기 금융펀드	단기 금융상품 투자, 안정적, 유동성 높음
ETF/인덱스 펀드	특정 지수 추종, 저비용 운용, 분산 효과

3) 수익 구조

- 펀드 평가 차익: 펀드 순자산가치 상승 → 매도 시 차익 실현
- 배당·이자 수익: 펀드가 보유한 주식·채권에서 발생하는 수익 분배
- 재투자형: 배당금을 자동 재투자하여 복리 효과

4) 주요 특징

구분	내용
분산투자	소액으로 다양한 자산 투자 가능, 위험 분산
전문 운용	운용사가 투자 전략 수립 및 매매 수행
유동성	상장/비상장 펀드에 따라 상이, 일반 펀드 매일 환매 가능
수수료	운용보수, 판매보수, 신탁보수 등 존재
세금	이자 · 배당 · 양도 차익에 따라 과세(15.4% 원천징수, 일부 분리과세 가능)

5) 투자전략

- 목적별 투자: 장기 성장, 안정적 배당, 단기 유동성 확보 등
- 분산투자: 국내, 해외, 주식 · 채권 혼합
- 장기투자: 복리 효과 및 위험 분산
- 비용 관리: 수수료 낮은 ETF/인덱스 펀드 활용

6) 주요 핵심 내용

- 펀드 투자 : 전문가에게 맡겨 여러 자산에 분산투자
- 소액으로 분산투자 가능, 위험 · 수익 선택 가능
- 세금: 원천징수 15.4%, 일부 분리과세 가능, 운용보수 존재

4. 파생상품 투자

주식, 채권, 금리, 외환, 원자재 등 기초자산의 가격 변동을 기초로 만들어진 금융상품에 투자하여 수익을 추구하는 상품이며, 일반 투자

보다 위험과 수익이 크고 구조가 복잡한 것이 특징이다.

1) 정의

- 기초자산의 가격 변동에 따라 수익이 결정되는 금융상품
- 대표적 기초자산 : 주식, 지수, 금리, 외환, 원자재 등
- 레버리지 효과로 적은 투자금으로 큰 수익 가능, 반대로 손실 위험도 큼
- 기초자산 가격 변동에 베팅하는 투자

2) 파생상품 종류

종류	설명
선물(Futures)	미래 일정 시점에 특정 가격으로 기초자산을 매매 약정
옵션(Options)	특정 가격에 매수/매도할 권리를 가진 계약 (의무 아님)
스왑(Swap)	일정 기간 동안 현금흐름을 교환 (금리, 통화 등)
선도(Forward)	맞춤형 계약, 미래 가격 · 일자 지정, 장외거래
레버리지상품	기초자산 가격 변동만큼 수익/손실 발생, 투자금보다 큰 거래 가능

3) 수익 구조

- 가격 변동 수익: 기초자산 가격 상승/하락에 따른 차익 실현
- 프리미엄 수익(옵션): 옵션 매도 시 받은 프리미엄 수익
- 레버리지 효과: 적은 자금으로 큰 규모 거래 가능하며 수익과 손실 모두 확대

4) 주요 특징

항목	설명
위험성	레버리지로 손실 확대 가능, 가격 급변 시 원금 손실 가능
유동성	거래소 상장상품은 유동성 높음, 장외거래는 제한적
복잡성	기초자산 가격, 만기, 행사가, 변동성 등 이해 필요
세금	양도소득세 과세, 장외 파생상품은 금융 소득세 과세

5) 투자전략

- 헤지(Hedging): 기존 자산의 가격 변동 위험 회피 목적
- 투기(Speculation): 가격 변동에 베팅하여 단기 수익 추구
- 차익거래(Arbitrage): 다른 시장 간 가격 차이를 이용한 무위험 수익 추구
- 레버리지 관리: 투자금 대비 위험 통제, 손실 제한 전략 필요

6) 주요 핵심 내용

- 기초자산 가격 변동 기반 금융상품 투자
- 선물, 옵션, 스왑 등 다양한 구조, 높은 위험과 레버리지
- 투자 목적: 헤지, 투기, 차익거래이며 원금 손실 가능성 높음
- 세금: 양도소득세 · 금융 소득세 적용

5. ETF 투자

상장지수펀드(Exchange Traded Fund)를 매매하여 지수 수익을 추구하는 투자이며, 주식처럼 거래되면서 펀드의 장점을 갖춘 금융상품이다.

1) 정의

주식시장에 상장된 펀드로, 특정 지수(코스피, S&P500 등)를 추종한다.

주식처럼 실시간 매수 · 매도가 가능하며, 분산투자 효과 제공하고, 펀드를 주식처럼 사고팔수 있는 상품이다.

2) ETF 특징

항목	설명
거래소상장	주식처럼 거래, 실시간 가격 변동
분산투자	한 종목이 아닌 지수 구성 종목 전체 투자
투자 대상	주식, 체권, 원지재, 해외 지수, 레버리지 ETF 등 다양 자산총액이 30까지 동일 종목에 투자가 가능
수수료	운용보수 낮음, 매매 시 증권거래 수수료만 발생
배당	ETF 보유 종목 배당금 분배 (현금 또는 재투자 선택)

3) 수익 구조

- 지수 상승 수익: ETF가 추종하는 지수 상승 → ETF 가격 상승 → 차익 실현
- 배당수익: ETF 구성 종목의 배당금 분배
- 레버리지 · 인버스 ETF

– 레버리지: 지수 변동 2~3배 수익 가능

– 인버스: 지수 하락 시 수익 가능

4) 특징 비교

항목	ETF	주식	펀드
거래	실시간 상장	실시간 상장	하루 1회 NAV 기준
분산	지수 기반, 자동	종목별	운용사가 분산
수수료	낮음	없음/거래수수료	운용보수 존재
유동성	높음	높음	낮음(환매 조건)

5) 투자전략

- 장기투자: 지수 상승 추세를 보고 장기간 투자
- 단기 매매: 레버리지 ETF, 인버스 ETF 활용
- 분산투자: 국내/해외, 주식/채권 ETF 혼합
- 저비용 전략: 운용보수가 낮아 장기 수익률에 유리

6) 주요 핵심 내용

- 지수 추종 펀드를 주식처럼 거래
- 분산투자, 낮은 수수료, 실시간 거래 가능
- 수익: 지수 상승/하락, 배당, 레버리지 전략 활용 가능

6. 랩 어카운트 (Wrap Account, 랩 계좌) 투자

투자자가 증권사에 일정 자금을 맡기고, 증권사가 포트폴리오를 운용해 수익을 내는 일종의 투자 일임 계좌이다.

1) 정의

투자자가 일정 자금을 맡기면 증권사가 고객의 투자성향에 맞춰 주식, 채권, 펀드, ETF 등을 혼합 운용하는 상품이다.

- 투자전략, 매매, 리밸런싱 모두 증권사가 대신 수행
- 수수료를 포함한 일임형 금융상품

2) 특징

항목	설명
투자 일임	투자 상품 선택 · 매매 · 리밸런싱 모두 증권사가 수행
맞춤형 포트폴리오	투자자 성향(안정형 · 중립형 · 공격형)에 맞춰 구성
운용 자산	주식, 채권, 펀드, ETF, 파생상품 등 다양
수익 구조	자산 가치 상승, 배당 · 이자 수익 포함
수수료	일임 보수(자산운용비), 성과보수 포함 가능
유동성	증권사 계좌에서 매수/환매 가능, 일부 상품 제한 가능

3) 투자전략

- 목적 맞춤형: 안정형(채권 위주), 성장형(주식 · ETF 위주), 공격형(레버리지 · 파생 포함)
- 분산투자: 다양한 자산에 자동 분산으로 위험 최소화
- 전문적 운용 노하우가 있는 증권사 리서치 · 시장 분석 기반 운용
- 리밸런싱: 시장 상황과 투자 목표에 따라 자산 비율 조정

4) 장단점

- 장점: 전문 운용, 분산투자, 투자 시간 절약/수수료 부담, 투자 결과 보장 없음
- 단점: 운용 수수료 높음, 원금 손실 가능/직접 매매 불가, 상품 이해 필요

5) 세금

- 자산운용에 따른 이자 · 배당 · 양도차익 포함 금융소득 과세
- 일부 상품은 분리과세 가능
- 수익 실현 시 15.4% 원천징수

6) 주요 핵심 내용

- 증권사 전문가에게 일임하는 투자 계좌
- 맞춤형 포트폴리오, 분산투자, 리밸런싱 자동 수행
- 장점: 전문 운용, 분산, 시간 절약
- 단점: 수수료 부담, 원금 손실 가능

7. 자산유동화증권 (ABS, Asset-Backed Securities) 투자

여러 채권이나 대출 등 금융자산을 묶어 증권화하여 투자자에게 판매하는 금융상품입니다. 기업의 자산이나 금융회사기 대출 등의 자산을 담보로 만든 투자상품이다.

1) 정의

- 기초자산(대출, 카드 채권, 할부금 등)을 묶어 증권화
- 투자자는 해당 자산에서 발생하는 현금흐름(이자 · 원금)을 배당으로 받음
- 기업 · 금융회사는 자산 유동화를 통해 자금 조달 가능

기업 자산이나 은행 대출 등의 채권을 모아 투자자가 돈을 빌려주고 이자를 받는 증권이다.

2) 기초자산

자산 종류	설명
주택담보대출(MBS)	주택담보대출을 묶어 증권화
신용카드 채권	카드 결제금, 할부금 등 채권 묶음
자동차 · 학자금 할부 채권	금융기관 대출을 증권화
기업대출 채권	기업이 받은 대출을 담보로 발행

3) 수익 구조

- 이자 수익: 기초자산에서 발생하는 이자 및 원금 상환분 배분
- 원금 상환: 기초자산에서 회수된 원금 배분
- 트랜치 구조: 투자자 위험 수준에 따라 선 순위, 후 순위로 나뉘어 수익률과 위험 차별화

4) 주요 특징

항목	설명
위험 수준	선 순위(Tranche)는 안전, 후 순위(Tranche)는 위험 · 수익 높음
유동성	일부 상장 ABS는 거래 가능, 대부분 장외 거래
세금	이자소득세 15.4% 원천징수 적용
발행 목적	금융기관 자금 조달, 리스크 분산

5) 투자전략

- 선 순위 투자: 안정적 수익, 원금 손실 위험 낮음
- 후 순위 투자: 위험과 수익률이 높고, 장기투자에 적합
- 분산투자: 다양한 기초자산 및 트랜치 구성
- 기관 · 개인 구분: 대부분 기관 투자자가 주요 대상, 일부 개인 투자 가능

6) 주요 핵심 내용

- 기초자산을 묶어 만든 투자용 증권
- 수익: 기초자산 이자 · 원금에서 발생, 트랜치별 위험/수익 차별화

- 장점: 안정적 수익(선 순위), 위험 조절 가능
- 단점: 후 순위 손실 가능, 유동성 제한

8. ABCP(Asset-Backed Commercial Paper, 자산유동화기업어음) 투자

기업이 보유한 금융자산을 담보로 단기 자금을 조달하는 단기 증권이며, 주로 기업 자금 운용과 단기 유동성 확보에 활용된다.

1) 정의

- 기업이 보유한 유동화 자산(대출채권, 매출채권 등)을 기초로 발행하는 단기 기업어음
- 만기 보통 90~270일 정도로 짧고, 금융기관이나 기업의 단기 자금 조달용
- 기업이 자산을 담보로 단기 돈을 빌리고, 투자자는 단기 이자를 받는 증권

2) 기초자산

자산 종류	설명
기업 매출채권	상품 · 서비스 판매 후 받을 돈
대출채권	은행 대출, 리스 · 할부금 등
기타 금융자산	기업이 보유한 유동 자산

3) 수익 구조

- 단기 이자 수익: ABCP 발행 시 정해진 이자 지급
- 원금 상환: 만기 시 기초자산 현금흐름 기반으로 상환
- 투자 위험: 발행 기업 신용도, 기초자산 회수 가능성에 따라 달라짐

4) 주요 특징

항목	설명
만기	단기: 90~270일
위험성	발행 기업 신용도 및 기초자산 회수 여부에 따라 변동
유동성	장외 단기채 시장에서 거래, 유동성 제한 가능
투자 대상	기관 투자자 중심, 개인 투자자 제한적

5) 투자전략

- 단기 운용 자금 투자: 안정적 단기 수익 확보
- 신용도 높은 ABCP 선택: 안정성 강화
- 기관 중심: 개인 투자자는 증권사 · 펀드를 통한 간접투자

6) 주요 핵심 내용

- 기업 자산을 담보로 발행한 단기 기업어음
- 수익: 단기 이자, 원금 상환
- 위험: 기업 신용도 · 자산 회수 여부
- 장점: 단기 수익, 기관투자 안정성
- 단점: 신용위험 존재, 개인 투자 제한

9. PF(프로젝트 파이낸싱) 투자

특정 프로젝트의 현금흐름을 담보로 투자하는 금융상품으로, 일반 기업의 신용보다는 프로젝트 자체의 수익성에 투자하는 구조이며, 주로 대규모 인프라, 부동산 개발, 에너지 사업 등에 활용된다.

1) 정의

- 특정 프로젝트(발전소, 도로, 부동산 등)의 미래 현금흐름을 기반으로 자금을 조달하고, 투자자가 수익을 얻는 금융상품
- 프로젝트 자체의 수익성과 위험이 투자 판단 기준
- 프로젝트가 돈을 벌면 투자자가 이익을 받고, 프로젝트가 실패하면 손실을 보는 투자

2) 기초자산

자산 종류	설명
부동산 개발 프로젝트	상업용 빌딩, 주택, 복합시설 등
인프라 사업	도로, 철도, 항만, 공항 등
에너지 프로젝트	발전소, 태양광, 풍력 등
기타 수익 프로젝트	공공 · 민간 프로젝트의 현금흐름

3) 수익 구조

- 프로젝트 현금흐름 배분: 임대료, 이용료, 판매 수익 등 현금흐름 기반 배당

- 이자 수익: PF대출 채권 투자 시 약정 이자 지급
- 원금 상환: 프로젝트 수익으로 투자 원금 회수

4) 주요 특징

항목	설명
위험성	프로젝트 실패 시 원금 손실 가능, 신용보증 제한적
유동성	대부분 장외 장기 투자, 유동성 낮음
투자 기간	3~10년 등 장기 투자 필요
투자 대상	주로 기관 투자자, 고액 개인 투자자 중심

5) 투자전략

- 프로젝트 신용 분석: 수익성, 계약 안정성, 시장성 확인
- 리스크 분산: 여러 프로젝트에 분산투자
- 장기투자 전략: 프로젝트 완공 · 수익 창출 시점 고려
- 기관 · 전문가 투자: 개인은 펀드 등 간접투자 활용

6) 주요 핵심 내용

- 특정 프로젝트 현금흐름 기반 투자
- 수익: 프로젝트 수익 · 이자
- 위험: 프로젝트 실패 시 원금 손실
- 장점: 장기 안정 수익, 프로젝트 성공 시 높은 수익
- 단점: 유동성 낮음, 장기투자, 원금 손실 가능

10. 종합 투자 계좌 (IMA, Investment Management Account) 투자

1) 정의

종합 투자 계좌(IMA)란 고객이 하나의 계좌 안에서 다양한 금융상품(예: 주식, 채권, 펀드, ETF 등)을 통합 관리하고, 전문 투자회사가 고객의 투자 목표에 맞춰 운용해 주는 종합 투자 관리 계좌이다.

즉, 여러 금융상품을 흩어져서 관리하는 대신, 하나의 계좌로 통합 관리, 전문가 운용이 가능한 구조이다.

IMA 상품 예시(안)

• 상품 출시 시점의 기준금리와 투자대상 자산 비중에 따라 보수 및 수익률 달라질 수 있음

구분	(저수익) 안정형	(중수익) 일반형	(고수익) 투자형
만기	1~2년(폐쇄형)	2~3년(폐쇄형)	3~7년(폐쇄형)
목표수익률 (보수차감 전)	연 4.0~4.5%	연 5.0~6.0%	연 6.0~8.0%
상품 특징	원금 지급 실적배당 상품		
	우량 대/중견기업	우량 중견/중소기업	중소/벤처 모험자본 중심
	국외 우량기업 투자	중수익 대체투자	고수익 대체투자
	낮은 수익 변동성	일반적인 수익 변동성	높은 수익 변동

* 금융위원회 자료

2) 특징

- 통합 관리
  - 주식, 채권, 펀드, ETF, 파생상품 등을 한 계좌에서 관리
  - 잔고, 수익률, 거래 내역 등을 통합 조회 가능

3) 전문가 운용

- 고객의 투자성향(공격적/중립적/안정적 등)에 맞춰 포트폴리오 구성
- 운용사는 자산 배분, 리밸런싱, 상품 선정 등을 대신 수행

4) 투명한 수수료 구조

- 전통적인 펀드처럼 상품별 판매수수료가 아니라, 계좌 운용 수수료가 통합
- 운용자산의 일정 비율을 수수료로 지급

5) 자동 리밸런싱

- 시장 변화나 목표 자산 배분 변화에 따라 포트폴리오를 자동 조정

6) 세제 혜택

- 국내 일부 IMA 계좌는 장기투자 시 세금 혜택(배당소득, 양도소득 비과세 등)을 제공

7) 장점

- 투자 관리가 편리하고 효율적

- 전문가가 포트폴리오를 운용해 심리적 부담 감소
- 투자상품 간 자산 배분 최적화 가능
- 수익률 추적 및 리밸런싱이 자동화

8) 단점/유의점

- 계좌 운용 수수료가 비교적 높을 수 있음
- 운용 성과가 시장 상황이나 운용사 능력에 따라 변동
- 일부 상품은 유동성 제한 가능

3장

보험사 금융상품

1. 생명보험: 사망(보장), 저축, 연금

1) 사망보험(보장보험)

피보험자가 사망했을 때 유족(수익자)에게 보험금이 지급되는 보험을 말한다.

- 사망보험 개요
  - 목적: 가장(피보험자) 사망 시 남은 가족의 생활자금, 빚 상환, 자녀 교육비 등을 보장
  - 보험기간 동안 피보험자가 사망하면 정해진 보험금을 수익자(가족 등)에게 지급

사망보험 종류

‖ 정기보험(Term Insurance)

– 일정 기간(예: 10년, 20년, 30년)만 보장

– 보험료가 저렴하고 보험기간이 끝나면 환급금 없음

– 젊은 경제 활동기 가족 보호 목적에 적합

‖ 종신보험(Whole Life Insurance)

– 평생 보장 (사망 시기와 관계없이 보험금 지급)

– 보험료가 비싸지만, 저축성 상속세 절세 수단으로 활용 가능

– 일부는 해지환급금(적립금) 발생

‖ 변액종신보험

– 종신보험의 성격과 투자 기능 포함

– 운용 성과에 따라 적립금이 변동

– 장기투자 · 상속설계용으로 사용

‖ 무배당/유배당 보험

– 무배당: 보험료 저렴, 배당 없음

– 유배당: 일정 기간 운용 성과에 따라 배당 지급

사망보험금 과세

‖ 사망보험금은 소득세 비과세(일시금으로 받는 경우)

‖ 상속세 과세 대상이 될 수 있음

– 배우자 · 직계가족 수령 시 → 상속재산에 포함

– 상속세 계산 시, 일정 한도(일반적으로 5억 원 + 배우자 공제 등)까지 비과세 혜택 존재

장점

‖ 유족 생활 보장: 갑작스러운 사망 시 가족의 생활자금 보장

‖ 상속 · 재산 이전: 종신보험 활용 시 상속세 절세효과

‖ 채무 상환: 대출 · 빚 상환 대비용

상품 활용

‖ 사망 시 보험금 지급

‖ 대표 상품: 정기보험(기간 보장, 저렴)/종신보험(평생 보장, 상속 · 재산 이전 활용)

‖ 보험금은 소득세 비과세지만 상속세 대상이 될 수 있음

2) 저축성보험

보험의 보장 기능보다는 저축 · 자산관리 성격이 강하다.

- 개념: 목돈 마련이나 재산 증식을 위해 가입하는 보험
- 만기 시 보험금(원금+이자)을 수령하여 저축 상품과 유사
- 위험보장(사망 · 질병)은 최소화, 저축 기능이 핵심

종류

‖ 적립형 보험(저축보험)

- 매월 일정액 납입 → 만기 시 목돈 지급
- 예: 교육자금 · 결혼자금 마련

‖ 변액 저축보험

- 보험료 일부를 펀드 등에 투자 → 수익률에 따라 만기금액 변동

‖ 저축성 종신보험

- 종신보험 구조에 저축 성격 강화
- 해지환급금이 커서 장기투자 · 상속설계에 활용

과세

‖ 일시금 수령: 비과세 요건 충족 시 세금 없음

‖ 납입 기간 10년 이상 + 일정 한도 이하 시 비과세

‖ 조건 미충족 시 이자소득세(15.4%) 부과

3) 연금형 보험

노후 생활자금 마련을 목적으로 일정 시점 이후 연금을 지급받는 보험으로 은퇴 후 안정적인 현금흐름을 제공하는 상품이다.

종류

‖ 연금저축보험(세액공제형)

- 납입 금액 연 400만 원 한도(퇴직연금 합산 700만 원) 세액공제
- 수령 시 연금소득세(3.3~5.5%) 부과

‖ 연금보험(비과세형)

– 세액공제 혜택은 없음

– 10년 이상 납입 및 일정 한도 조건 충족 시 비과세로 연금 수령 가능

‖ 변액연금보험

– 투자형으로 운용 성과에 따라 연금액 변동

– 최저 보증 연금 기능 포함 가능

과세

‖ 연금저축보험: 세액공제 혜택, 연금 수령 시 과세(연금소득세)

‖ 연금보험(비과세형): 세액공제 혜택 없으며, 일정 요건 충족 시 비과세 수령

저축성 vs 연금형 보험 비교

구분	저축성 보험	연금형 보험
목적	목돈 마련	노후 생활자금
수령방식	만기 일시금 (or 분할금)	정해진 기간 동안 연금 지급
세제 혜택	10년 이상 유지 시 비과세	연금저축보험: 세액공제 / 연금보험: 비과세 가능
투자성	변액 상품 존재	변액연금보험 존재
활용	자녀 교육 · 결혼자금, 상속 재산 마련	노후 생활 안정, 퇴직 후 생활비

- 저축성 보험: 목돈 마련 · 상속 설계에 적합(비과세 혜택 활용)
- 연금형 보험: 노후 대비 · 연금소득 확보에 적합(세액공제 vs 비과세형 구분)

4) 변액보험

보험과 투자 성격을 같이 가지고 있는 상품이다.

변액보험 개념

‖ 보험료 일부는 보장(위험보험료), 나머지는 주식 · 채권 등 펀드에 투자

‖ 투자 성과에 따라 해지환급금, 연금액, 사망보험금 등이 변동

‖ 물가 상승 대비 및 장기 투자형 자산관리 수단

변액보험의 종류

‖ 변액종신보험

– 사망 시 보험금 지급되며, 투자 성과에 따른 적립금 변동

– 상속 · 재산 이전, 종신 보장과 자산 증식 목적

‖ 변액연금보험

– 은퇴 후 연금 지급

– 투자 실적에 따라 연금액 변동, 최저 보증 연금액 옵션 있는 경우도 많음

‖ 변액유니버셜보험

– 납입 · 인출 자유도가 높은 변액보험

– 필요시 추가 납입, 중도 인출 가능하여 유동성 확보

변액보험 특징

‖ 장점

– 물가 상승(인플레이션) 대응 가능(투자 성과 반영)

– 사망보장과 투자 수익 / 자산관리와 보장 기능 결합

– 장기 유지 시 비과세 혜택(10년 이상 유지)

‖ 단점

– 단기 해지 시 원금 손실 가능(초기 사업비 · 위험보험료 공제)

– 투자 실적 부진 시 환급금 · 연금액 감소

– 구조가 복잡하고 수수료(사업비)가 높음

변액보험 과세

‖ 사망보험금: 소득세 비과세(상속세는 과세 대상 가능)

‖ 적립금 · 연금 수령: 10년 이상 유지 + 월 납입금 150만 원 이하 등 요건 충족 시 비과세

‖ 요건 미충족 시 이자소득세(15.4%) 과세

주요 활용

‖ 종신 보장 / 상속설계: 변액종신보험

‖ 노후 준비: 변액연금보험(최저 보증 연금형 선택 시 안정성 확보)

‖ 자산운용 / 유동성: 변액유니버셜보험

2. 손해보험

1) 재산보험

손해보험의 한 분야로, 사람이 아닌 재산(물건, 권리, 이익)을 보장하는 보험이다.

- 재산보험의 개념
  - 피보험 재산에 생긴 손해를 보상하는 보험
  - 화재, 도난, 자연재해 등으로 발생한 재산상의 손실을 보장
  - 사람의 생명 · 신체가 아닌 재물 · 자산을 보호

재산보험의 종류

‖ 화재보험

- 화재, 폭발, 낙뢰로 인한 건물 · 가재도구 · 상품 손해 보장
- 현대에는 특약을 통해 풍수해, 도난까지 확장

‖ 해상보험

- 해상 운송 중 선박 · 화물의 손해 보장
- 국제 무역 필수보험

‖ 자동차보험(물적 손해 부분): 차량 손해(자차보험), 대물배상 등 재산 손해 보상 영역 포함

‖ 기계보험 · 건설 보험: 건설공사 중 발생하는 손해, 기계 고장에 따른 손해 보장

‖ 기타 특수보험: 도난보험, 농작물재해보험, 동물보험, 전자기기 보험 등

- 재산보험의 특징
  - 실손보상 원칙: 실제 손해를 입은 만큼만 보상(초과 보상 불가)
- 보험가액 vs 보험금액
  - 보험가액: 재산의 실제 가치
  - 보험금액: 계약 시 정한 금액
  - 보험금액 〈 보험가액 → 일부보험 → 비례보상
  - 보험금액 〉 보험가액 → 초과보험 → 실제 손해액까지만 지급
  - 보험자의 권리: 대위권(손해 보상 후 제3자에게 구상 가능), 잔존물 처리권

재산보험과 인보험 차이

구분	재산보험	인보험(생명 · 상해 · 건강)
보장 대상	건물, 물품, 자산 등 재산	사람의 생명 · 신체
보상 원칙	실손보상	정액 보상
보험금액 산정	재산의 실제 가치 기준	가입자가 임의로 설정 가능

- 활용 예시
  - 가정: 화재보험, 주택화재보험 → 주택 · 가재 보호
  - 기업: 기업재산종합보험 → 화재, 도난, 기계 손해 등 통합보장
  - 무역: 해상보험 → 수출입 물품 보호
  - 농업: 농작물재해보험 → 태풍 · 홍수 피해 대비

화재보험

재산보험의 대표 상품으로, 주택 · 상가 · 공장 · 사무실 등 건물과 그 안의 동산(가재, 상품 등)을 화재로부터 보호한다.

‖ 화재보험의 개념

– 화재, 낙뢰, 폭발 등으로 인해 재산에 발생한 손해를 보상하는 보험

– 주택, 상가, 공장, 가재도구, 기계, 재고자산 등 보장 가능

– 최근에는 풍수해, 도난, 배상책임까지 특약으로 확장

‖ 보험금 지급 원칙

– 실손보상: 실제 손해액 한도 내 지급(초과 보상 불가)

‖ 화재보험의 특징

– 실손보상 원칙: 인보험과 달리 계약 금액이 실제 보장 금액 아님

– 자동 부책: 보험기간 중 자산가치가 변동되면 일정 범위 내 자동 보장 가능

– 대위권 행사: 보험자가 보험금을 지급하면, 가해자에 대해 구상권 행사 가능

‖ 가입 유형

– 주택화재보험: 건물, 가재도구 손해 보장

– 상가 · 공장 종합보험: 건물, 기계, 재고자산, 영업손실 보장

– 특수화재보험: 대형 플랜트, 위험물 저장소 등 특수시설 대상

자동차보험

손해보험의 대표 상품으로, 자동차 운행 중, 발생할 수 있는 대인 · 대물 손해, 자기 신체 손해, 자기 차량 손해 등을 보장한다.

‖ 자동차보험의 개념

– 자동차 운행 중, 발생할 수 있는 사고에 대비하는 법정 의무보험과 임의보험

– 의무보험: 자동차손해배상보장법에 따라 대인배상 I 은 반드시 가입해야 함

– 임의보험: 의무보험을 초과하는 손해, 대물 · 자차 등을 보장

자동차보험 담보 종류

‖ 대인배상

– 대인배상 I (의무보험): 타인의 신체 피해 보장, 피해자 1인당 최고 1억 5천만 원 한도

– 대인배상 II (임의보험): 대인 I 보장 금액 초과분 보장(사망, 부상, 후유장해 전액 보상 가능)

‖ 대물배상

– 타인의 차량 · 건물 · 시설물 등 재산 피해 보장

– 최소 2천만 원 이상 가입 의무화

‖ 자기 신체 사고(자손) / 자동차 상해(자상)

– 자기 신체 사고(자손): 내 차 운전자 · 탑승자의 치료비 한도 보상 (정액 보상 성격)

– 자동차 상해(자상): 치료비, 휴업손해, 위자료 등 실제 손해액 기준 보상 (실손 보상 성격, 보장 넓음)

‖ 자기차량손해(자차)

– 자기 차량이 사고로 파손된 경우 수리비 보상(단, 자기 과실 100% 단

독사고), 음주 · 무면허 · 도주 사고 등은 면책

‖ 무보험차상해

– 상대방이 무보험차량일 경우, 나와 가족이 입은 신체 손해를 보상

‖ 특약

– 긴급출동 서비스(견인, 배터리 충전 등)

– 렌트/대차 특약(사고 시 대체 차량 지원)

– 벌금, 변호사 선임 비용, 교통사고 처리 지원금 등

자동차보험의 특징

‖ 의무성: 대인배상 I 은 법적으로 반드시 가입

‖ 실손보상 원칙: 실제 발생한 손해액 기준으로 보상

‖ 과실 비율 반영: 사고 시 가해자 · 피해자 과실 비율에 따라 보상액 조정

‖ 보험료 산정 요인: 연령, 운전 경력, 차종, 운행 지역, 사고 이력 등

자동차보험 보장 구조 요약

담보 구분	보장대상	특징
대인배상 I	타인 신체	법정 의무보험
대인배상 II	타인 신체	대인 I 초과분 보장
대물배상	타인 재산	최소 2천만 원 이상 의무
자기 신체 사고	본인 · 가족	정액 보상
자동차 상해	본인 · 가족	실손 보상, 보장 폭 넓음
자기차량손해	자기 차량	자기과실 100% 단독사고 보장 제외
무보험차상해	무보험차 피해	나와 가족 신체 피해 보상

2) 책임보험

- 책임보험의 개념
  - 피보험자가 타인에게 손해를 끼쳐 법적으로 배상책임을 질 경우, 그 손해를 보상하는 보험
  - 즉, 제3자에 대한 손해배상책임을 담보하는 보험
  - 직접적인 자기 재산 손해가 아니라, 남에게 끼친 피해에 대한 배상금 보장
- 책임보험의 보장 범위
  - 대인 책임: 타인의 신체 · 생명에 대한 손해배상책임
  - 대물 책임: 타인의 재산(차량, 건물, 물품 등)에 대한 손해배상책임
  - 부대비용: 소송비용, 변호사비용, 합의금 등

책임보험의 주요 종류

‖ 자동차 책임보험

- 대표적인 의무보험
- 대인배상 I 은 법적으로 반드시 가입해야 함

‖ 근로자 재해 배상책임보험(산재보험 보완용)

- 사업주가 근로자 업무 중 발생한 사고 · 질병에 대해 법적 책임을 지는 경우 보장
- 산재보험에서 보상하지 못하는 부분을 커버

‖ 일상생활 배상책임보험

- 일상생활 중 타인에게 손해를 끼쳤을 때 보장
- 예: 아이가 실수로 유리창 파손, 반려견이 사람 물어 다치게 한 경우 등

‖ 전문인 배상책임보험: 변호사, 회계사, 의사 등 전문직이 업무상 과실로 발생한 손해배상책임 보장

‖ 생산물배상책임보험(PL 보험): 제조업체가 만든 제품의 결함으로 소비자에게 발생한 손해 보장

‖ 기타 특수 책임보험: 의료배상 책임보험, 학교 배상 책임보험, 영업배상 책임보험 등

- 책임보험의 특징
  - 제3자를 위한 보험: 자기 자신이 아닌 타인의 피해를 보상
  - 법률상 손해배상책임 발생 시 보장
  - 실손보상 원칙 적용, 실제 손해액만 보장
  - 일부는 의무보험(자동차책임보험, 의료 배상책임보험 등)
- 책임보험의 예시
  - 운전자가 교통사고로 상대방 다치게 함 → 자동차 책임보험에서 대인 · 대물 보장
  - 음식점에서 손님이 음식물에 의해 식중독 → 영업배상책임보험 보장
  - 아파트에서 화재 발생, 옆집 피해 → 일상생활 배상책임보험 보장

3) 특수보험

특수보험은 일반적인 생명보험, 손해보험, 재산보험, 자동차보험으로 구분되지 않는 특정 위험이나 특수한 목적을 대상으로 하는 보험을 말한다.

- 특수보험의 개념
  - 일반적인 보험으로는 보장하기 어려운 특수한 위험을 담보하는 보험
  - 특정 업종 · 활동 · 재산에 맞게 설계되며, 보통 기업이나 특정 직종, 특수 위험이 있는 개인이 가입한다.

특수보험의 종류

‖ 해상 · 항공보험

– 해상보험: 선박, 화물, 운송 과정에서 발생하는 손해 보장

– 항공보험: 항공기, 화물, 탑승객, 제3자 손해 보장

‖ 건설 · 기계보험

– 건설공사보험: 공사 중 발생하는 건물 · 시설 손해 보장

– 기계보험: 기계 고장이나 파손으로 인한 손해 보장

‖ 농업 · 가축보험

– 농작물재해보험: 태풍, 홍수, 병충해로 인한 농작물 피해 보장

– 가축재해보험: 가축의 질병, 사고, 자연재해로 인한 피해 보장

‖ 신원 · 보증보험

– 보증보험: 채무 불이행, 계약 불이행 시 손해 보상(예: 이행보증, 지급보증 등)

– 신원보험: 직원의 배임 · 횡령 등으로 인한 손해 보장

‖ 특수 위험 보험

– 도난보험: 귀중품 · 상품 도난 시 보장

– 배상책임보험: 제3자에 대한 손해배상책임 보장

– 레저 · 스포츠보험: 여행자보험, 골프보험, 레저활동 중 사고 보장

– 사이버 보험: 해킹, 개인정보 유출 등으로 인한 손해 보장

– 우주보험: 인공위성 발사 · 운용 중 사고 보장

- 특수보험의 특징
  - 맞춤형 보장: 특정 업종이나 위험을 세밀하게 커버
  - 위험률이 높아 보험료가 일반보험보다 비싸거나 조건이 엄격
  - 실손보상 원칙 적용(재산 · 책임 관련)/정액 보상 원칙 적용(상해 · 생명 관련)

4장

연금저축 상품

연금저축 상품은 노후 생활자금 마련을 목적으로 하는 금융상품으로, 세액공제를 통한 세제 혜택이 있다는 장점이 있다.

1. 연금저축 상품의 개요

1) 연금저축 상품 개념

- 은퇴 이후 생활자금을 마련하기 위해 가입하는 장기 저축형 금융상품
- 은행, 보험사, 증권사 등에서 판매
- 연금저축보험, 연금저축펀드, 연금저축 신탁 형태 가능

2) 연금저축 상품 종류

- 연금저축보험: 보험사가 운용, 일정 기간 납입 후 연금 지급–사망 보장, 연금 수령 가능
- 연금저축펀드: 증권사가 운용, 펀드 수익률에 따라 연금액 변동–

수익률에 따라 변동 가능

- 연금저축 신탁: 은행 신탁사가 운용, 안정적인 이자 지급-원금 보존형으로 안정적 운용 가능

3) 가입처별 상품특징

구분	은행	금융투자회사	생명보험	손해보험
상품명	연금저축신탁	연금저축펀드	연금저축보험	연금저축보험
납입 방식	자유납	자유납	정기납	정기납
연금 형태	확정	확정	종신, 확정	확정
예금자 보호	O	X	O	O

4) 연금저축 세제 혜택

- 납입 한도: 연간 1,800만 원 + ISA 계좌 만기 전환 금액
- 납입 금액 세액공제
  - 연간 납입액 600만 원 한도(IRP 200만 원 포함)
  - 총급여 5,500만 원/종합소득 4,500만 원 초과자는 13.2%
    (총급여 5,500만 원 이하/종합소득 4,500만 원 이하는 16.5%)
  - 퇴직연금 계좌 가입 시 세액공제 한도 합산 900만 원
  - 근로소득자, 사업소득자 모두 가능
  - 세액공제 최대: 600만 × 13.2% = 79.2만 원
- 연금 수령 시 과세
  - 연금 소득세율 적용 (3.3~5.5%)
  - 일시금 수령 시 다른 소득으로 간주하여 종합 과세 가능

- 연금 수령 연령
  - 최소 55세 이상 수령 가능
  - 연금 수령 시기가 늦을수록 낮은 세율이 적용됨
  - 장기 납입, 장기 수령 시 노후 소득 안정

5) 연금저축 상품특징

- 장기 저축: 최소 5년 이상 납입 권장, 연금 수령까지 장기 유지
- 세액공제: 연간 납입액에 대해 세금 절감
- 연금 수령 방식 선택 가능: 확정연금, 종신연금, 확정 기간 연금 등
- 투자형 상품: 변동성 있음 (펀드형, 변액 보험형)
- 보험형 상품: 사망보장 포함 → 노후+보장 동시 확보

6) 주요 핵심 내용

- 세액공제 활용: 연간 납입 금액 최대 활용을 통한 절세효과
- 노후생활 안정: 연금 수령 시 생활비 안정적 확보
- 투자성과 활용: 펀드형 · 변액 보험형 선택 시 장기수익 가능
- 보험형 연금저축: 사망보장 포함으로 가족 보호 및 노후 대비 가능

2. 연금저축보험

연금저축 상품 중 보험사에서 판매하는 보험형 상품이다.

1) 연금저축보험 개념

- 장기적으로 납입한 보험료를 기반으로 은퇴 후 연금 형태로 지급
- 보험 기능이 결합 되어 있어 사망보장도 가능
- 노후 생활자금 마련과 보험 보장 기능을 결합한 상품

2) 연금저축보험 구조

- 납입보험료
  - 일정 기간(예: 매월, 매년) 납입
  - 납입 기간 동안 보험료 일부는 위험보험료로 사망 시 보장
  - 나머지 보험료는 적립금으로 연금 지급 재원
- 적립금 운용
  - 안정형(원금 보장형)/투자형(변액 보험형) 선택 가능
  - 투자형은 운용 성과에 따라 연금액 변동
- 연금 수령
  - 최소 55세 이후 연금 개시 가능
  - 수령 방식: 확정연금, 종신연금, 확정 기간 연금 등

3) 세제 혜택

- 납입액 세액공제
  - 연간 납입액 400만 원 한도(세액공제 13.2%)
  - 근로자, 사업소득자 모두 가능
  - 최대 세액공제: 400만 × 13.2% = 52.8만 원

- 연금 수령 시 과세
  - 연금소득세 적용(3.3~5.5%)
  - 일시금 수령 시 과세 되어 장기 수령 시 세 부담 감소
- 사망보험금 비과세
  - 보험형이므로 피보험자 사망 시 지급되는 보험금은 소득세 비과세, 다만 상속세 과세 대상

4) 장단점 비교

구분	장점	단점
연금 저축보험	세액공제 혜택, 노후 자금 마련 가능 사망보험금으로 가족 보장 가능 투자형 선택 시 장기 수익 가능	단기 해지 시 환급금 적음 투자형은 운용 수익 변동성 존재 장기 유지 필요

5) 주요 핵심 내용

- 세액공제 극대화: 매년 납입액 최대 400만 원 활용
- 노후생활 안정: 확정연금, 종신연금 선택으로 생활비 확보
- 보장 결합: 사망 시 가족에게 보험금 지급 → 상속 · 재산 이전 활용 가능
- 투자형 선택 시: 장기 운용으로 물가 상승 대응 가능

3. 연금저축 신탁

연금저축 상품 중 은행이나 신탁사에서 판매하는 신탁형 상품이다.

1) 연금저축 신탁 개념

- 은퇴 이후 생활자금을 마련하기 위해 장기간 납입 후 연금 형태로 수령하는 금융상품
- 원금 보장형으로 안정적 운용이 가능
- 보험형(연금저축보험)이나 투자형(연금저축펀드)에 비해 안정성 높음

2) 연금저축 신탁 구조

- 납입금
  - 매월 또는 매년 일정 금액 납입
  - 신탁회사가 고객 명의로 신탁 계좌에 적립
- 운용 방식
  - 안정적 운용 → 예금 · 채권 중심
  - 원금 보장형으로 손실 위험 거의 없음
- 연금 수령
  - 최소 55세 이후 연금 개시 가능
  - 수령 방식: 확정연금, 종신연금, 확정 기간 연금 등

3) 세제 혜택

- 납입액 세액공제
  - 연간 400만 원 한도 → 세액공제 13.2%
  - 근로자 · 사업소득자 모두 가능
- 연금 수령 시 과세
  - 연금소득세 적용 (3.3~5.5%)

– 장기 수령 시 세 부담 감소

• 원금 보장

– 신탁형은 투자형 대비 안전성 높음

– 원금 손실 위험 거의 없음

4) 장단점 비교

구분	장점	단점
연금 저축신탁	원금 보장 → 안전성 높음 세액공제 혜택 가능 장기 안정적 노후 자금 확보	수익률 낮음 → 투자형 대비 장기 수익 제한 물가 상승 대비 어려움

5) 주요 핵심 내용

• 안정적 노후 자금 마련: 원금 보장으로 안정적인 연금 수령

• 세액공제 활용: 연간 납입액 최대 활용을 통한 세금 절감

• 리스크 최소화: 변동성 부담 없이 장기투자 가능

• 초보 투자자 추천: 투자 위험 부담 없이 노후 대비

4. 연금저축펀드

연금저축 상품 중 증권사에서 판매하는 투자형 상품이다.

1) 연금저축펀드 개념

• 은퇴 후 생활자금을 마련하기 위해 장기간 납입 후 연금 형태로 수령하는 투자형 상품이다.

- 보험형(연금저축보험)이나 신탁형(연금저축 신탁)과 달리 투자 수익률에 따라 연금액 변동
- 주식, 채권, 혼합형 등 다양한 펀드로 운용

2) 연금저축펀드 구조

- 납입금
  - 매월 또는 매년 일정 금액 납입
  - 증권사 계좌에 투자금으로 적립
- 투자 운용
  - 펀드 선택에 따라 운용 성과 달라짐
  - 주식형 → 수익률 높지만 변동성 큼
  - 채권형 → 안정적, 수익률 낮음
  - 혼합형 → 위험 분산 가능
- 연금 수령
  - 최소 55세 이후 연금 개시 가능
  - 수령 방식: 확정연금, 종신연금, 확정 기간 연금 등

3) 세제 혜택

- 납입액 세액공제
  - 연간 납입액 400만 원 한도(세액공제 13.2%)
  - 근로자 · 사업소득자 모두 가능
- 연금 수령 시 과세
  - 연금소득세 적용(3.3~5.5%)

– 장기 수령 시 세 부담 감소

- 투자성과 반영

– 운용 수익률에 따라 연금액 변동: 장기적인 수익 추구

4) 장단점 비교

구분	장점	단점
연금 저축펀드	투자 수익에 따라 장기 수익 증가 가능 세액공제 혜택 가능 다양한 펀드 선택으로 투자 전략 가능	원금 보장 없음(단기 손실 가능) 투자 위험 존재(수익률 변동 큼) 투자지식 필요

5) 주요 핵심 내용

- 장기투자 전략: 장기 납입 → 복리 효과, 물가 상승 대응
- 펀드 배분: 안정형 · 주식형 혼합으로 리스크 조정
- 세액공제 최대 활용: 연간 400만 원 납입
- 노후 자금 마련 + 투자 수익 동시 달성

5장

퇴직연금제도

퇴직연금제도는 근로자의 퇴직 후 생활자금을 미리 준비할 수 있도록 회사가 제공하는 제도이다.

1. 퇴직연금제도 개념

- 사용자가 근로자 퇴직 시 지급해야 하는 퇴직금을 기업이 적립·운용
- 제도 도입 목적: 근로자 퇴직금 보장 + 퇴직 후 안정적 생활자금 마련
- 법적 근거: 근로자 퇴직 급여보장법

2. 퇴직연금제도 유형

1) 확정급여형(DB, Defined Benefit)

- 근로자 퇴직 시 받는 급여액이 사전에 확정
- 퇴직 금액 사전 확정

- 운용수익과 관계없이 회사가 지급, 책임
- 기업 부담과 책임

2) 확정기여형(DC, Defined Contribution)

- 회사가 매년 일정 금액 적립, 운용 결과에 따라 퇴직금 결정
  - 근로자가 운용 방식 선택
  - 근로자의 운용 결과에 따라 퇴직 금액 변동
  - 회사 부담 비교적 낮음

3) 개인형 퇴직연금(IRP, Individual Retirement Pension)

- 근로자가 본인 명의로 추가 납입, 운용
  - DB/DC 가입자도 가입 가능
  - 세액공제 혜택 활용 가능
  - 노후 대비 장기 자금 마련

3. 세제 혜택

- 퇴직연금 적립금: 운용 기간 동안 이자 소득 · 배당소득 비과세
- 세액공제(IRP 활용 시): 연간 700만 원 한도(근로소득자 기준) 세액공제 가능
- 연금 수령 시 과세
  - 퇴직소득세: DB/DC 수령 시
  - 연금소득세: IRP 연금 수령 시

4. 장단점

- 장점
  - 퇴직금 확정/운용으로 노후 자금 확보
  - 세제 혜택(비과세, 세액공제)
  - 운용수익 발생으로 장기적 자산 증식 가능
- 단점
  - 근로자가 운용 책임 부담(DB 제외)
  - 중도 인출 제한 → 긴급자금 활용 어려움
  - 퇴직 전 해지 시 세제 불이익 가능

5. 주요 핵심 내용

- 운용 형태 선택
  - DC/IRP: 안정형(원금 보장)/투자형(변액 · 펀드) 선택 가능
- 세제 혜택 극대화: IRP 추가 납입으로 세액공제 최대 활용
- 노후 자금 계획 연계: 연금저축, 개인형 IRP 등과 연계로 장기 자금 관리

6. IRP
(개인형 퇴직연금, Individual Retirement Pension)

1) IRP 개념

- 근로자, 자영업자, 퇴직금 수령자 등이 가입 가능한 개인 퇴직연금 계좌
- 퇴직금 · 연금저축 등을 IRP 계좌로 이체 · 적립 가능
- 목적: 노후 생활자금 마련 및 세제 혜택

2) IRP 계좌 특징

- 가입 대상
  - 근로자: DC · 퇴직연금 가입자 포함
  - 자영업자, 프리랜서
  - 퇴직금 수령 후 IRP 계좌로 이체 가능
- 납입
  - 연간 1,800만 원 한도 내에서 납입 가능
  - 회사 퇴직금, 연금저축, 개인 납입금 통합 운용 가능
- 운용 방식
  - 은행, 보험, 증권사 등에서 다양한 금융상품 선택 가능
  - 예: 예금, 펀드, ETF, 변액보험 등
  - 안정형(원금 보장)/투자형(시장연동) 선택 가능
- 연금 수령
  - 최소 55세 이후 연금 개시

– 연금 수령 시 연금소득세 적용(3.3~5.5%)

3) IRP 세제 혜택

- 납입액 세액공제
  - 연간 최대 700만 원 한도
  - 근로자: 연금저축+IRP 합산 700만 원
  - 세액공제율: 13.2%(지방세 포함)
  - 세액공제 최대: 700만 × 13.2% = 92.4만 원
- 운용 중 비과세: 이자, 배당, 양도차익 모두 운용 기간 동안 비과세
- 연금 수령 시 과세: 연금소득세 적용 → 일시금 수령 시 퇴직소득세

4) 장단점

구분	장점	단점
IRP	세액공제 최대 활용 가능 퇴직금 · 연금저축 통합 운용 다양한 금융상품 선택 가능 장기 운용으로 노후 자금 마련	최소 55세까지 인출 제한 투자형 선택 시 원금 손실 가능 연금 수령 시 과세

5) 주요 핵심 내용

- 퇴직금 이전: 퇴직금을 IRP 계좌로 이전해 장기 운용 및 세제 혜택
- 연금저축 통합 운용: 연금저축과 IRP 합산해 세액공제 최대 활용
- 상품 배분 전략: 안정형 · 투자형 혼합으로 장기수익 및 위험 분산
- 노후 자금 계획 연계: 연금저축, 퇴직연금, IRP 계좌 함께 설계

6장

부동산 투자상품

부동산 투자상품은 실물 부동산 또는 부동산 관련 권리, 증권을 활용해 수익을 얻는 투자 수단을 말한다.

1. 부동산 투자상품 개념

- 부동산을 직접 매입하거나, 부동산 관련 간접투자 상품에 투자
- 투자 목적: 임대수익, 시세차익, 배당수익 등
- 유형에 따라 직접 투자형과 간접 투자형으로 구분

2. 부동산 투자상품 종류

1) 직접 투자형

- 개별 부동산 매입: 임대수익/시세차익 기대
- 예: 아파트, 오피스텔, 상가, 토지 등

- 장점: 직접 관리 가능, 안정적 임대수익 가능
- 단점: 초기 투자금 높음, 유동성이 낮고 관리 · 세금 부담

2) 간접 투자형

부동산을 직접 소유하지 않고 증권화 · 펀드 형태로 투자

- 리츠(REITs, Real Estate Investment Trusts)
  - 다수 투자자가 자금을 모아 상업용 · 주거용 부동산 투자
  - 배당수익과 시세차익 가능
  - 장점: 소액 투자, 유동성 높음, 배당수익
  - 단점: 운용 수익률 변동, 배당세 과세
- 부동산펀드
  - 사모펀드 또는 공모 펀드 형태
  - 개발형: 개발 후 분양/매각해 차익 배분
  - 임대형: 임대수익 배분
- 부동산 P2P(Peer to Peer) 투자
  - 온라인 플랫폼 통해 소액 투자 가능
  - 단점: 원금 손실 위험, 채권 회수 리스크 존재

3) 기타 부동산 관련 금융상품

- PF(Project Financing) 상품
  - 개발사업 자금 조달용 상품
  - 수익: 이자 수익 및 프로젝트 성공 시 배당

- 자산유동화증권(ABS, MBS, ABCP 등)
  - 부동산 담보 대출 · 임대수익을 기초자산으로 발행
  - 수익: 이자 지급, 안정적 투자 가능

3. 투자 특징

구분	핵심 내용
직접투자	임대 · 시세 차익 가능, 초기 자금 높음, 관리 필요
간접투자	소액 투자 가능, 유동성 높음, 배당 수익
위험요인	부동산 가격 변동, 임대 공실, 개발 지연, 금리 상승, 법규 · 세금 변화

4. 세제 및 과세

- 임대소득: 종합소득세 과세(세율 6~45%)
- 양도소득: 보유기간, 1세대, 1주택 여부, 조정대상지역 등 조건에 따라 양도세 과세
- 배당소득(리츠, 부동산펀드): 배당소득세 과세(15.4%)
- PF · ABS: 이자소득세(15.4%) 적용

5. 투자 핵심 전략

- 자산 배분 전략: 직접 투자/간접투자 혼합을 통해 안정성과 유동성 확보

- 세제 절세전략: 장기보유, 1세대, 1주택 비과세 요건 활용
- 투자 목적 설정: 임대수익, 시세차익, 배당수익 등 목표에 맞춰 상품 선택
- 리스크관리: 공실, 금리 변동, 개발 지연 등 사전 분석
- 단섬: 유동성 낮음, 가걱 변동 · 리스크 존재
  – 목적과 투자 기간, 위험 선호도에 따라 상품 선택 필요

6. 주요 투자상품

1) 리츠(REITs)

- 리츠의 개념
  – 여러 투자자로부터 자금을 모아 상업용 · 주거용 부동산에 투자
  – 부동산 임대수익 및 매각 차익을 투자자에게 배당하는 부동산 간접투자 상품
  – 증권시장에 상장된 리츠는 주식처럼 거래 가능

리츠 특징

‖ 간접 투자형

– 부동산을 직접 매입하지 않고 주식 · 펀드처럼 소액 투자 가능

‖ 유동성

– 상장 리츠는 증권거래소에서 매매 가능하며 환금성이 높음

– 비상장 리츠는 투자 기간 동안 자금 회수 어려움

‖ 수익 구조

– 임대수익: 건물 임대료를 통한 정기 배당

– 자산 매각 수익: 개발 후 매각 시 추가 배당 가능

‖ 투자 대상

– 오피스 빌딩, 상가, 물류센터, 주거용 아파트, 호텔, 의료시설 등

리츠 장단점

구분	장점	단점
리츠	소액으로 부동산 투자 가능 배당 수익 정기 지급 상장 리츠는 주식처럼 거래 가능 임대관리 부담 없음	주가 변동성 존재 → 원금 손실 가능 배당금 과세 (배당소득세 15.4%) 비상장 리츠는 유동성 낮음

- 세제 및 과세

– 배당소득세: 배당금 수령 시 15.4% 원천징수

– 양도소득세: 상장 리츠 매매차익 시 주식 양도소득세 적용(상장주식은 일정 조건 비과세, 일부 과세)

– 비상장 리츠: 매각 차익은 양도소득세 과세 대상

주요 핵심 투자 내용

‖ 소액 투자 가능하여 포트폴리오 다각화

‖ 정기 배당수익을 통해 안정적 현금 흐름 확보

‖ 상장 리츠 활용으로 유동성 확보, 시장가격에 따른 매매 가능

‖ 투자 목적에 따라 상품 선택

- 안정적 임대수익: 상업용 오피스, 물류센터 리츠
- 성장 · 차익 목표: 개발형 리츠, 비상장 리츠

2) 부동산펀드

부동산펀드는 투자자금으로 부동산을 매입 · 운용하거나 개발 후 매각하여 수익을 배분하는 간접 투자형 부동산 상품이다.

- 부동산펀드 개념
  - 투자자가 자금을 모아 부동산 직접 투자 또는 개발 프로젝트에 투자
  - 펀드 운용사가 대신 부동산 관리 및 매각
  - 수익: 임대수익/매각 차익 → 투자자에게 배분

부동산펀드 유형

구분	내용	특징
임대형 펀드	안정적인 임대수익이 발생하는 상업용/주거용 부동산 투자	배당 중심, 안정적 수익, 장기 투자 필요
개발형 펀드	토지 · 건물 개발 후 분양 · 매각-수익 배분	고수익 가능, 개발 리스크 높음
혼합형	임대/개발형 결합	수익과 리스크 균형, 운용 전략에 따라 다름
공모형 펀드	다수 투자자 참여 가능, 소액 투자 가능	유동성 비교적 높음, 운용 투명성 확보
사모형 펀드	소수 투자자 대상, 투자 금액 높음	고수익 가능, 유동성 낮음, 운용 제한

부동산펀드 특징

‖ 간접 투자형

– 부동산 직접 관리 부담 없음

– 운용 전문회사(AMC, Asset Management Company)가 관리

‖ 투자 목적 다양

– 안정적 현금 흐름: 임대형 펀드

– 고수익/차익 추구: 개발형 펀드

–투자 기간

– 장기 투자형 → 최소 3~10년 이상 보유 필요

‖ 유동성

– 공모형: 중도 환매 가능

– 사모형/개발형: 만기 전 현금화 어려움

‖ 세제 및 과세

– 배당소득세: 임대수익 · 분배금 15.4% 원천징수

– 양도소득세: 펀드 청산 · 매각 차익 → 과세 적용

– 부가세: 일부 개발형 부동산펀드 수익에 부가세 적용 가능

장단점 비교

구분	장점	단점
부동산 펀드	소액 투자 가능– 포트폴리오 분산 운용사가 관리– 직접 관리 부담 없음 안정적 임대수익 또는 개발 차익 가능	장기 투자 필요, 유동성 제한 투자 손실 가능, 개발형 리스크 높음 수익 배분 시 세금 부담

주요 핵심 내용

‖ 목적에 맞는 펀드 선택

– 안정적 수익: 임대형 펀드

– 고수익: 개발형 펀드

‖ 투자 기간 고려: 장기투자 계획 필수, 단기 현금화 어려움

‖ 리스크관리

– 개발형 : 인허가, 공사 지연, 부동산 가격 변동 리스크 확인

– 임대형 : 공실률, 임대료 변동 리스크 확인

‖ 세제 전략: 배당소득세, 양도소득세, 부가세 고려하여 투자 수익률 계산

3) 부동산 P2P 투자

부동산 P2P 투자는 온라인 플랫폼을 통해 부동산 프로젝트에 소액 투자하고 수익을 얻는 방식이다.

- 부동산 P2P 투자 개념
  - 투자자가 온라인 P2P 플랫폼을 통해 부동산 개발 · 임대 프로젝트에 투자
  - 투자금은 프로젝트 운영사(대출자)에 제공되고, 투자자는 이자 수익 및 프로젝트 성공 시 배당을 받음
  - 간접 투자형, 소액 투자 가능

부동산 P2P 투자 구조

‖ 투자자

– 개인, 소액 투자 가능

– 플랫폼을 통해 프로젝트 선택 후 투자

‖ 대출/투자 대상

– 개발형: 토지 매입 → 건물 개발 → 분양/매각

– 임대형: 상가, 오피스, 주거용 부동산 임대수익 배분

‖ 운용 방식

– 플랫폼이 투자금 모집, 계약, 관리, 수익 배분 담당

– 투자자는 수익률, 기간, 프로젝트 위험 정도를 확인 후 참여

‖ 수익 구조

– 이자 수익: 대출형 P2P

– 차익/배당수익: 개발형, 임대형 프로젝트 완료 시

장단점 비교

구분	장점	단점
부동산 P2P	소액 투자 가능– 분산 투자 용이 프로젝트별 예상 수익률 안내 부동산 직접 관리 부담 없음	원금 손실 위험 높음 – 대출 부실 시 손실 플랫폼 리스크 – 부도, 사기 가능 유동성 낮음 – 투자 기간 동안 환매 어려움

- 세제 및 과세

– 이자 소득세: 대출형 P2P 이자 수익 15.4% 원천징수

– 배당/차익 수익: 양도소득세 과세 가능

– 원금 손실 시: 손실액 세액공제 제한적

투자 활용 포인트

‖ 리스크관리

– 프로젝트 검증, 플랫폼 신뢰도 확인 필수

– 고수익 프로젝트는 고위험: 투자 금액 제한

‖ 투자 기간 확인

– 대부분 6개월~3년 이상 장기투자

– 중도 환매 어려움

‖ 소액 분산투자

– 여러 프로젝트에 나누어 투자: 리스크 분산

‖ 세제 고려

– 이자소득세, 양도소득세 고려: 실수익률 계산

4) PF 상품

대형 개발 · 건설 프로젝트 자금을 조달하고, 투자자에게 수익을 배분하는 금융상품이다.

- PF(Project Financing) 상품 개념
  - 특정 프로젝트(부동산 개발, 인프라, 플랜트 등)의 현금흐름과 자산을 담보로 자금을 조달
  - 투자자는 프로젝트 성공 시 이자 및 배당수익 획득
  - 프로젝트 실패 시 투자 손실 발생 – 프로젝트 리스크 직접 반영

PF 상품 구조

‖ 프로젝트 시행사

– 개발사업 계획, 자금 조달, 사업 운영

– PF 자금을 통해 건설 · 개발 진행

‖ 투자자

– 은행, 기관, 개인 등

– 투자 금액에 따라 이자/배당수익 수령

‖ 대출/자금 운용

– 투자금 : 프로젝트 건설 및 운영 자금으로 사용

– 현금흐름(임대수익, 분양 수익) 기반으로 원리금 상환

‖ 수익 구조

– 이자 수익: PF 대출형 구조

– 배당/차익 수익: 프로젝트 개발 후 매각, 임대수익 배분

PF 상품특징

‖ 프로젝트 기반 투자

– 특정 프로젝트 성공 여부가 수익 결정

– 부동산, 인프라, 플랜트 등 다양한 분야 가능

‖ 투자 위험

– 프로젝트 실패 → 원금 손실 가능

– 공사 지연, 수익 감소, 부동산 가격 변동 등

‖ 장기투자

– 투자 기간 길고, 중도 환매 어려움

‖ 전문 투자형

– 일반 개인보다 기관 투자자 중심

– 투자 최소 금액 높음

장단점

구분	장점	단점
PF 상품	프로젝트 기반 고수익 가능 현금흐름 담보 투자 – 안정성 일부 확보 기관 · 개인 모두 참여 가능	프로젝트 실패 시 원금 손실 장기 투자, 유동성 낮음 전문 지식 필요, 위험도 높음

- 세제 및 과세
  - 이자소득세: PF 대출형 수익 15.4% 원천징수
  - 배당/차익 수익: 양도소득세 과세 가능
  - 원금 손실 시: 손실액 세액공제 제한적

투자 활용 포인트

‖ 리스크 분석 필수: 시행사 신용도, 사업성, 담보, 현금흐름 분석

‖ 장기투자 계획: 대부분 2~5년 이상 프로젝트이며 중도 환매 어려움

‖ 소액 분산투자: 여러 프로젝트 참여로 리스크 분산

‖ 세제 및 수익 구조 확인: 이자/배당 과세 여부, 투자 기간별 수익률 확인 필요

5) 자산유동화증권

다양한 자산을 기초로 발행되는 증권으로, 투자자가 해당 상품에서 발생하는 현금흐름을 통해 수익을 얻는 금융상품이다.

- 자산유동화증권(ABS) 개념
  - 금융기관, 기업 등이 보유한 자산(대출, 채권, 임대료 등)을 기초자산으로 증권화
  - 투자자는 증권을 매입하고, 기초자산에서 발생하는 현금흐름(원리금, 이자, 임대료 등)을 통해 이자 수익 발생
  - 상품의 목적으로는 자금 조달과 투자 수익 확보

자산유동화증권 유형

구분	약어	기초자산	특징
자산유동화 증권	ABS	기업 대출, 카드 채권, 할부금 등	일반 기업이 보유한 금융자산을 담보로 발행
주택저당 증권	MBS	주택담보대출	주택담보대출 원리금에서 발생하는 현금흐름 기반
자산유동화 기업어음	ABCP	단기 기업 대출, 채권	단기 자금 조달 목적, 만기 90일~270일 정도

구조

‖ 기초자산(Pooling)

– 대출, 채권, 임대료 등 여러 자산을 묶음

‖ 증권 발행

– ABS, MBS, ABCP 형태로 발행

– 투자자에게 매각 후 현금 확보

‖ 현금흐름 배분

– 원리금, 이자, 배당 등 기초자산에서 발생하는 현금흐름을 투자자에게 분배

장단점

구분	장점	단점
ABS/ MBS/ ABCP	안정적 현금흐름 기반 투자 다양한 기초자산 선택 가능 신용등급에 따른 투자 선택 가능	기초자산 부실 시 손실 발생 가능 구조 복잡하고 이해 어려움 금리 · 신용위험 존재

- 세제 및 과세
  - 이자소득세: 원천징수 15.4%
  - 양도차익: 채권형, 유동화증권 매매차익에 따라 과세
  - 유동성: 상장 ABS/MBS → 거래 가능, 비상장 → 만기까지 투자 필요

투자 핵심 내용

‖ 신용등급 확인

– 기초자산의 신용도와 구조 분석 필수

‖ 투자 목적에 맞는 상품 선택

– 단기 자금 운용 → ABCP

– 장기 안정 수익 → MBS, ABS

‖ 위험관리

– 기초자산 부실, 금리 변동, 시장 유동성 위험 고려

‖ 포트폴리오 다각화

– 부동산, 기업 대출, 카드 채권 등 다양한 기초자산 혼합 투자

7장

대체투자상품 투자

1. 대체투자(Alternative Investment) 개념 및 특징

전통적 자산(주식, 채권 등) 이외의 투자로, 포트폴리오 다각화와 수익 극대화를 위해 활용된다.

1) 대체투자 개념

- 주식, 채권과 같은 전통적 금융상품이 아닌 자산에 투자
  - 예: 부동산, 원자재, 사모펀드, 헤지펀드, 인프라, 예술품, 와인, NFT 등
- 목적: 수익률 향상 및 위험 분산(포트폴리오 다각화)

2) 대체투자 유형

구분	설명	특징
부동산 투자	상가, 오피스, 리츠, 부동산펀드, P2P, PF	임대수익 · 시세 차익, 현금흐름 기반
인프라 투자	도로, 발전소, 항만, 공항 등	장기 안정 수익, 인플레이션 헤지 가능
사모펀드 (Private Equity)	비상장기업 지분 투자	고수익 가능, 유동성 낮음
헤지펀드 (Hedge Fund)	다양한 전략 (롱숏, 이벤트 드리븐 등)	고수익 · 고위험, 전문 투자자 대상
원자재 투자	금, 은, 원유 등	인플레이션 대응, 변동성 큼
기타 대체 자산	예술품, 와인, NFT, 레어카 등	장기 투자, 평가 · 유동성 제한

3) 대체투자 특징

- 저상관 자산: 전통적 자산과 상관관계 낮음 → 포트폴리오 분산 효과
- 장기투자 성격
  - 대부분 장기투자(3~10년 이상)
  - 대체로 유동성이 낮음
- 수익 구조 다양: 임대수익, 배당, 시세차익, 금리 · 환율 수익 등
- 전문성 요구: 투자 분석, 자산 평가, 운용 전략 필요

4) 장단점

구분	장점	단점
대체투자	전통적 자산과 상관관계 낮아 포트폴리오 분산 가능 고수익 가능(특히 사모 · 헤지펀드) 인플레이션 헷지 가능	유동성 낮음 투자 분석 · 전문성 필요 고위험 · 원금 손실 가능

5) 세제 및 과세

- 부동산, 인프라 등 실물자산: 양도소득세, 배당소득세, 임대소득세 과세
- 사모펀드/헤지펀드: 배당 · 양도 차익 과세
- 원자재/귀금속: 양도소득세 · 부가세 적용 가능
- 해외 대체 자산: 외화 환산, 해외 과세 주의

6) 핵심 투자 포인트

- 포트폴리오 다각화: 주식 · 채권 비중 낮출 때 활용
- 장기투자 전략
  - 유동성 낮고 장기 운용 필요
  - 연금, 퇴직연금 등 장기 자금 활용
- 위험관리: 투자 대상별 위험 · 수익 분석, 전문 운용사 선택
- 세제 전략: 투자 자산별 세제 혜택, 양도소득세 · 배당소득세 고려

2. 대체투자상품의 종류

1) 사모펀드(Private Equity, PE)

비상장기업이나 특정 프로젝트에 투자하여 고수익을 추구하는 투자 상품이다.

- 사모펀드 개념
  - 소수 투자자(기관, 고액 자산가 등)로 구성된 펀드
  - 상장되지 않은 기업 지분, 부동산, 인프라, 프로젝트 등에 투자
  - 투자 수익: 기업 매각 차익, 배당, 이자 수익 등
  - 일반 대중에게 공개되지 않고 비공개(Private) 방식으로 운용

사모펀드 특징

‖ 비상장기업 투자

- 투자 대상: 비상장기업 지분, 프로젝트, 부동산, 인프라 등
- 기업 성장 및 매각 시 고수익 가능

‖ 장기투자

- 투자 기간: 3~10년 이상 장기 운용
- 중도 환매가 어려워 유동성이 낮음

‖ 전문적 운용

- 운용사(PEF, Private Equity Fund) 전문 지식 기반 투자
- 투자자와 운용사 간 계약으로 운용

‖ 고위험 · 고수익

– 기업 · 프로젝트 실패 시 원금 손실 가능

– 성공 시 일반 주식 대비 높은 수익률

장단점

구분	장점	단점
사모 펀드	고수익 가능성 높음 비상장기업 지분 참여 – 성장 수익 확보 포트폴리오 다각화 효과	유동성 낮음, 중도 환매 제한 장기 투자 필요 투자 손실 가능, 전문성 필요

- 세제 및 과세
  - 배당 · 분배금: 배당소득세 또는 금융 소득세 적용
  - 양도차익: 비상장 주식 매각 시 양도소득세 과세
  - 부동산/프로젝트 투자: 임대소득세, 양도소득세 과세
  - 장기투자 효과: 투자 기간 길수록 세 부담 완화 가능

투자 핵심 내용

‖ 장기투자 계획 필수: 최소 3~10년 이상 운용 → 단기 현금화 어려움

‖ 리스크관리

– 투자 기업/프로젝트 분석 필수

– 투자 금액 분산을 통해 손실 대비

‖ 포트폴리오 다각화: 전통적 자산 대비 저상관이므로 위험이 분산됨

‖ 전문 운용사 선택: 운용 경험, 과거 성과, 운용 전략 검토

2) 헤지펀드

헤지펀드는 다양한 투자전략을 활용하여 위험을 관리하면서 수익을 추구하는 사모펀드 형태의 투자상품이다.

- 헤지펀드 개념
  - 소수 투자자(기관, 고액 자산가) 대상 비공개 투자
  - 다양한 금융상품과 전략을 활용: 주식, 채권, 파생상품, 원자재 등
  - 시장 상승/하락 관계없이 절대 수익(Absolute Return) 추구
  - 전문 운용사(헤지펀드 매니저)가 운용

헤지펀드 특징

‖ 다양한 투자전략

- 롱/숏 전략(Long/Short Equity)
- 이벤트 드리븐(Event Driven)
- 매크로 전략(Macro)
- 상대가치(Relative Value) 등

‖ 레버리지 사용 가능: 투자금보다 큰 금액 운용 가능 → 수익/손실 확대

‖ 장기투자

- 일반적으로 최소 1~3년 이상 운용
- 유동성 제한 – 중도 환매 제한 가능

‖ 고위험 · 고수익

- 투자전략 복잡, 원금 손실 가능
- 전문 운용사 운용 필요

장단점

구분	장점	단점
헤지펀드	다양한 전략으로 시장 상황에 상관없이 수익 추구 포트폴리오 다각화 가능 전문 운용사 운용	고위험, 원금 손실 가능 레버리지 사용 – 변동성 확대 유동성 낮음, 중도 환매 제한 투자 최소금액 높음

- 세제 및 과세
  - 배당/분배금: 배당소득세 또는 금융 소득세 적용
  - 양도차익: 매각 시 양도소득세 과세
  - 해외 헤지펀드: 환율 변동 및 해외 과세 주의, 장기투자 시 세제 혜택 제한적이므로 절세전략 필요
- 주요 투자 핵심 내용
  - 절대 수익 목표: 시장 상승 · 하락 모두에서 수익 창출 전략 활용
  - 장기투자 전략: 최소 투자 기간 준수해야 전략 실현 가능
  - 포트폴리오 다각화: 전통적 자산과 상관관계 낮아 위험 분산이 가능
  - 전문 운용사 선택: 전략 이해, 과거 성과, 운용 철학 검토

3) 기타 상품–특별자산펀드

특별자산펀드는 전통적 금융자산 외 다양한 자산에 투자하는 전문 투자 펀드로, 대체투자 범주에 속한다.

- 특별자산펀드 개념
  - 주식 · 채권 등 전통적 자산이 아닌 대체 자산, 부동산, 인프라, PF, ABS 등에 투자
  - 전문 운용사가 운용하며, 투자자에게 배당 또는 시세차익 배분
  - 목적: 고수익, 포트폴리오 다각화, 안정적 현금흐름 확보
- 투자 대상
  - 부동산 관련 자산: 리츠, 부동산펀드, PF, 부동산 P2P 등
  - 인프라 자산: 도로, 항만, 발전소, 통신망 등
  - 유동화 자산: ABS, MBS, ABCP 등
  - 기타 대체 자산: 사모펀드, 헤지펀드, 원자재, 예술품, 특수채권 등
- 특징
  - 전문 운용: 투자 대상 분석 및 운용 전문 지식 필요
  - 고위험 · 고수익: 투자자산 특성에 따라 원금 손실 가능성 존재
  - 장기투자: 대부분 3~10년 이상 장기 운용
  - 포트폴리오 다각화: 전통 자산과 상관관계 낮아 위험 분산 효과

장단점

구분	장점	단점
특별자산 펀드	고수익 가능성 높음 전통적 자산과 저상관으로 포트폴리오 다각화 다양한 투자 자산 선택 가능	장기 투자 필요 유동성 낮음 투자 손실 가능, 전문 운용사 필요

- 세제 및 과세
  - 배당 · 분배금: 배당소득세 또는 금융 소득세 적용
  - 양도차익: 매각 시 양도소득세 과세
  - 해외투자 자산: 환율 변동, 해외 과세 주의
  - 세제 혜택: 일부 부동산 · PF/ABS 연계 투자 시 운용 기간 비과세 가능
- 투자 활용 포인트
  - 투자 목적과 자산별 전략 수립: 안정적 현금흐름 vs 고수익 추구
  - 장기투자 계획: 최소 3~10년 이상 → 중도 환매 제한
  - 전문 운용사 선택: 운용 경험, 과거 성과, 전략 이해 필요
  - 위험관리: 자산별 리스크 분석 → 분산투자

4) 기타 상품—CDS(Credit Default Swap, 신용 부도 스왑)

CDS는 신용위험을 거래할 수 있는 금융 파생상품으로, 채권 투자자나 금융기관이 신용리스크를 해지하거나 투기 목적으로 활용한다.

- CDS 개념
  - 신용위험(채무 불이행, 디폴트)을 사고파는 금융계약
  - 채권 투자자가 발행자의 디폴트 위험을 다른 투자자에게 이전
  - CDS를 매수하면 채무자가 부도날 경우 손실 보상
  - CDS를 매도하면 CDS 프리미엄 수익을 받지만 부도 발생 시 손실 부담

CDS 구조

- 매수자(Protection Buyer)
  - 채권 등 투자자의 신용리스크를 회피
  - 매도자에게 일정 프리미엄 지급
- 매도자(Protection Seller)
  - 프리미엄 수익 획득
  - 채무자 디폴트 발생 시 손실 보상 의무
- 기초자산: 회사채, 국채, 구조화 상품 등 특정 채권
- 결제 방식
  - 현금결제: 부도 시 손실 금액 지급
  - 물리 결제: 기초자산 채권 인도 후 상환금 지급

주요 특징

- 신용위험 관리: 채권 투자자가 디폴트 위험 헤지 가능
- 투기성 거래 가능
  - 기초자산을 보유하지 않고도 CDS 매수
  - 신용위험 투기 가능
- 장외 파생상품
  - 대부분 장외거래(OTC) – 맞춤형 계약 가능
  - 표준화된 CDS는 거래소 상장 가능
- 수익 구조
  - CDS 프리미엄 수익(매도자)
  - 신용위험 회피 또는 차익거래(매수자)

장단점

구분	장점	단점
CDS	채권 투자 시 신용위험 헤지 가능 신용위험 투기 · 차익거래 가능 맞춤형 계약 가능	장외거래 특성 – 유동성 제한 신용위험 변동 – 손실 가능 구조 복잡, 전문 지식 필요

- 세제 및 과세
  - 이자/프리미엄 수익: 금융 소득세 과세
  - 파생상품 평가 차익: 양도소득세 또는 파생상품 관련 과세
  - 해외 CDS: 환율 변동 및 해외 과세 고려
- 주요 투자 핵심 내용
  - 신용리스크 헤지: 보유 채권, 대출, 기업 부도 위험관리
  - 투기 · 차익거래 전략: CDS 스프레드 차익, 신용 사건 예상 투자
  - 전문성 요구: 신용등급, 디폴트 확률, 장외 계약 구조 이해 필수
  - 리스크관리: 상대방 신용위험(Counterparty Risk) 주의

8장

해외투자상품 투자

해외투자는 국내가 아닌 외국 자산에 투자하여 수익을 추구하는 투자활동을 의미하며, 글로벌 분산투자와 환율 리스크 및 수익 등을 관리해야 한다.

1. 해외투자 개념

- 주식, 채권, ETF, 펀드, 부동산, 원자재 등 외국 자산에 투자
- 목적: 수익 추구, 포트폴리오 다각화, 환율 · 글로벌 경제 활용
- 투자 방법: 직접 투자/간접투자

2. 투자 방법

구분	설명	특징
직접투자	해외 주식, 채권, 부동산 등 직접 매수	높은 투자 자유도, 환율 리스크 직접 부담
간접투자	해외 ETF, 해외 펀드, 리츠, 글로벌 PEF 등	운용사 통해 투자, 소액 · 분산 투자 가능, 환헤지 옵션 활용 가능

3. 해외투자 특징

- 글로벌 분산: 국내 시장과 상관관계 낮은 자산 투자로 위험 분산
- 환율 리스크
  - 환율 변동성에 의해 수익률 증가/감소 가능
  - 필요시 환헤지 상품 활용
- 다양한 투자 대상: 해외주식/ETF, 해외 채권, 해외 부동산, 원자재, 해외 대체투자
- 정보 · 법률 리스크: 해외 경제, 정치, 규제, 세금 환경에 따라 수익 변동

4. 세제 및 과세

구분	과세 방식
배당소득	해외 원천소득 – 외국 납부세액 공제 후 금융 소득세 15.4% 과세
양도 차익	해외주식 상장 국가별 과세 기준 적용, 국내 거주자 양도 차익 과세 가능 (비상장 제외)
환차익	대부분 비과세, 단 펀드 · ETF 구조에 따라 과세 가능

5. 장단점

구분	장점	단점
해외 투자	포트폴리오 다각화 가능 글로벌 성장 산업 투자 가능 환율 변동으로 추가 수익 가능	환율 · 정치 · 경제 리스크 존재 해외 정보 부족 → 분석 어려움 세제 · 규제 복잡

6. 투자 핵심 전략

- 분산투자 전략: 국가, 산업, 자산별로 분산 → 위험 최소화
- 환율 관리: 필요시 환헤지 ETF · 펀드 활용
- 장기투자: 글로벌 성장산업 장기투자 → 복리 효과 활용
- 세제 전략: 외국 납부세액 공제, 배당/양도세 계산 등 세제 고려

7. 해외주식투자

외국 기업의 주식을 직접 매수하거나 ETF, 펀드 등을 통해 간접투자 하는 방법을 말한다.

1) 해외주식투자 개념

- 해외 증시에 상장된 기업 주식 매수
- 직접투자: 해외주식 계좌 개설을 통해 직접 매수
- 간접투자: 해외주식형 펀드, ETF 등 투자

2) 투자 방법

구분	설명	특징
직접 투자	해외 증권사 계좌, 국내 증권사 해외주식 서비스 이용	주식 직접 소유, 배당 · 양도차익 직접 수령, 환율 변동 직접 영향
간접 투자	해외주식 펀드, 해외ETF, 글로벌 상장 리츠 등	운용사 통해 투자, 소액 투자 가능, 환헤시 옵션 활용

3) 주요 특징

- 글로벌 분산: 국내 주식과 상관관계 낮은 해외주식 투자로 위험 분산
- 환율 리스크
  - 투자 수익률은 주가 변동과 환율 변동에 따라 좌우됨
  - 필요시 환헤지 ETF · 펀드 활용
- 배당수익: 일부 해외주식은 분기/연간 배당 지급 → 현금흐름 확보 가능

- 시장 접근성
  - 미국, 유럽, 일본, 신흥국 등 다양한 시장 투자 가능
  - 거래 시간, 규제, 세금 등 주의

4) 세제 및 과세

구분	과세 방식
배당소득	해외 원천소득 – 외국 납부세액 공제 후 금융 소득세 15.4% 과세
양도 차익	해외주식 상장 국가별 과세 기준 적용, 국내 거주자 양도 차익 과세 가능 (비상장 제외)
환차익	대부분 비과세, 단 펀드 · ETF 구조에 따라 과세 가능

5) 장단점

구분	장점	단점
해외 주식 투자	글로벌 성장기업 · 산업 참여 가능 포트폴리오 분산 효과 배당 · 시세 차익 수익 가능	환율 변동 리스크 존재 해외 시장 정보 부족으로 분석 어려움 거래 시간 · 규제 복잡

8. 국제주가 지수

해외 주요 주식시장 전체 또는 특정 섹터의 주가 변동을 대표하는 지수로, 글로벌 투자 성과를 평가하거나 지수 연계 상품에 활용된다.

1) 국제주가 지수 개념

- 여러 국가나 지역의 주식 가격을 종합하여 산출한 지표
- 글로벌 경제 및 시장 흐름을 대표
- 투자자들은 지수 자체를 직접 매수할 수 없지만, 지수 연계 ETF, 인덱스 펀드, 선물 · 옵션 등 파생상품으로 투자 가능

2) 주요 국제 주가지수

구분	지수	특징
미국	S&P 500	미국 상장 대형 500개 기업 주가 반영, 미국 경제 대표
미국	DowJones Industrial	미국 대형 30개 기업, 전통적 산업 중심
미국	NASDAQ Composite	기술 · 성장주 중심, IT · 바이오 산업 반영
유럽	EURO STOXX 50	유로존 50개 대형 우량주 중심
영국	FTSE 100	런던 증시 상위 100개 기업 중심
일본	Nikkei 225	일본 상장 225개 기업 주가 반영
아시아 · 신흥국	MSCI Emerging Markets	신흥국 20여 개국 주식 대표 지수
글로벌	MSCI World	선진국 주식 전반을 대표, 20개국 이상 포함

3) 국제 주가지수 특징

- 시장 대표성: 특정 국가, 지역, 산업 전체 성과를 반영
- 투자 벤치마크: 펀드, ETF, 헤지펀드 성과 평가 기준
- 투자 활용: 인덱스 펀드, ETF, 선물 · 옵션 등으로 간접투자 가능
- 글로벌 포트폴리오: 지수별로 자산 배분 → 국가 · 산업 · 시장별 분산투자

4) 주요 장단점

구분	장점	단점
국제 주가 지수	글로벌 시장 성과 파악 가능 인덱스 연계 상품으로 간접투자 가능 분산 투자 효과	개별 종목 투자 수익률보다 낮을 수 있음 시장 전체 하락 시 손실 발생 환율 리스크 존재 (해외 투자 시)

5) 주요 투자 핵심

- ETF/인덱스 펀드 활용: S&P500 ETF, MSCI World ETF 등 → 소액 · 분산 투자 가능
- 글로벌 자산 배분: 국가, 산업별 비중 조절을 통해 포트폴리오 다각화
- 환율 관리
  - 환율 변동이 주요 투자 수익률에 영향
  - 환헤지 ETF 활용 가능
- 장기투자: 지수 성장률 기반 장기투자 전략으로 복리 효과 활용

• 제5부 •

생애주기별 투자전략 및 리스크관리

1장

10대를 위한 금융투자 - 은행/보험 중심

10대를 위한 금융 투자상품은 금융의 기초를 배우면서도 위험을 낮추고, 장기적인 자산 형성을 도울 수 있는 상품을 중심으로 포트폴리오를 구성하는 것이 바람직하다.

1. 예·적금형 상품(기초형)

1) 청소년 통장

- 은행 또는 인터넷은행에서 미성년자 명의로 개설 가능 → 금융 습관 형성, 소액 저축 가능

2) 정기적금

- 일정 금액을 매달 저축
- 목표, 저축 습관 형성, 중도 해지 시 이자 손해에 대한 이해 필요

3) 비과세 종합저축(부모 명의로 가능)

- 일정 한도 내 이자 · 배당 비과세로 절세효과

4) 주택청약 저축

- 본인 명의로 가입 가능

2. 간접 투자형 상품(저위험·교육형)

- 펀드(적립식 펀드): 여러 자산에 분산투자, 장기투자로 복리 효과를 누릴 수 있다. 단, 원금 손실 가능성이 있으나 장기간 적립식으로 투자 시 리스크를 최소화할 수 있는 장점이 있다.
- ETF(상장지수펀드): 주식처럼 거래되는 펀드 → 소액으로 글로벌 시장 접근, 계좌 개설은 부모 동의 필요
- 로보어드바이저 투자: 자동 투자 알고리즘이 자산 배분, 초보자에게 쉬우며 수수료 · 위험 존재

3. 증권형 상품

1) 주식

- 직접 투자(청소년 투자 계좌): 부모(법정대리인) 동의 시 증권계좌 개설 가능 투자 경험 · 리스크관리 필요

2) 해외주식 / ETF 투자

- 달러 자산 분산 가능, 환율 변동 위험 있음
- 주식 모의투자 앱: 가상화폐 아닌 '가짜 돈'으로 연습 가능(실전 감각 훈련)

4. 투자 교육

부모가 대신 가입해 주는 10대 투자 포트폴리오는 핵심적으로 안정성을 우선하면서 장기적으로 복리 효과를 기대할 수 있는 구조를 목표로 설계해야 한다.

5. 투자 포트폴리오 예시

1) 기본조건

- 투자 대상: 10대 자녀(미성년자)
- 투자자: 부모(법정대리인 명의)
- 투자 기간: 5~10년 이상(장기투자 가정)
- 목표: 금융 습관 형성/자산 증식/리스크 분산

2) 안정형 포트폴리오

자산 구분	투자 비중	상품 예시	특징
예 · 적금/CMA	40%	중단기 자금 · 비상금용	
국내 ETF (주식형)	20%	KODEX 200, TIGER 코스피 ETF	한국 주식시장 대표 지수 추종
해외 ETF (글로벌 분산)	20%	미국S&P500, 글로벌 리츠	장기 성장, 달러 자산 분산
채권형 펀드	10%	자산운용 채권형펀드	안정적 이자수익
대체 · 리츠 펀드	10%	리츠, 대체투자펀드	부동산 · 인프라 간접투자, 변동성 완화

- 특징: 주식/채권/리츠를 적절히 섞어 리스크 최소화형의 복리 구조가 필요함.
  - 평균 연 4~6% 수준의 장기 수익률 기대 가능

6. 포트폴리오 운용

- 자동 적립 방식 활용: 매달 일정액 자동 투자(시장타이밍 리스크 완화)
- 배당 재투자형 상품 선택: 복리 효과 극대화
- 연 1~2회 리밸런싱: 자산 비중 점검 및 조정
- 장기 · 교육 목적: 단기 수익보다는 자녀 금융교육 목적으로 접근
- 증권사 선택: 대형사 위주의 청소년 전용 계좌 서비스 이용

- 10대용 포트폴리오는 단기 수익보다 금융 습관 · 복리 효과 · 리스크관리가 핵심

7. 주요 핵심 내용

- 부모 명의로 시작: 법적으로 직접 투자 불가 시 대리 가능
- ETF · 적립식 펀드 중심: 분산투자 및 장기복리 활용
- 모의투자 · 교육: 금융에 대한 이해도 향상
- 주기적 점검: 자녀 성장 · 목표 변화에 따라 조정

2장

20대를 위한 금융 투자상품 - 은행/간접투자 중심

20대는 사회 초년생 · 대학생 시기로, 자산 형성과 건전한 금융 습관을 확립하는 것이 가장 중요한 시기이다.

따라서 안정성, 성장성, 세제 혜택을 균형 있게 가져가는 것이 중요하다.

1. 투자 기본 방향

투자 목표	목돈 마련(결혼, 주택, 유학 등), 자산 증식
투자 기간	중 · 장기(3~10년)
핵심 원칙	–자동적립 –분산투자 –세금절감 –장기복리
권장 비율	예금 · 현금성 40~50% / 투자형 50~60%

2. 예/적금형(안정 자산)

상품	특징	장점	비고
보통예금 · CMA	입출금 자유/약간의 수익	유동성 확보	비상금용
정기적금/ 자유적금	일정 금액 저축	목표 저축 습관	단기 자금용
청년도약계좌 (정부 지원)	월 70만 원까지 납입, 최대 6.0%대 금리 + 정부 기여금	높은 금리 혜택	5년 유지 필요
청년 우대형 청약저축	금리/ 세금혜택 (이자소득 비과세)	주택 마련용	소득 요건 있음

3. 투자형 상품(자산 증식 수단)

구분	특징	장점
국내 주식 / ETF	한국 대표기업 투자	소액 · 분산 가능
해외 ETF	글로벌 시장 분산	달러 자산 노출
적립식 펀드	자동적립식 장기 투자	초보자 적합
리츠(REITs)	부동산 간접투자	안정적 배당 수익

4. 절세형 상품

상품	설명	주요 혜택
ISA (개인종합자산관리계좌)	예금 · 펀드 · ETF 통합관리	수익 중 200만 원 (청년은 400만 원) 비과세
IRP(개인형 퇴직연금)	연금저축과 함께 세액공제 가능	최대 900만 원 한도 세액공제
연금저축펀드	장기 노후 자금 준비	세액공제 + 장기복리

- ISA: 연금저축 또는 IRP로 절세상품 활용 시 복리 효과와 세금 절감 극대화.

5. 대체/분산 투자형 상품

상품	설명	장점	유의점
리츠(REITs)	상장 부동산 투자	월 배당 수익	부동산 경기 영향
채권형 펀드	채권에 간접투자	변동성 낮음	수익률 낮음
골드 ETF	금 가격 추종	인플레이션 방어	수익률 변동 큼

6. 포트폴리오 예시

자산 구분	비중	내용
예 · 적금 / CMA	50%	유동성 · 안정성 확보
국내 ETF	15%	국내 성장 투자
해외 ETF	15%	글로벌 성장
채권형 펀드	10%	안정적 보완
절세형 계좌	10%	세금 혜택 및 복리 효과

* 기대수익률: 연 5~7% 수준

7. 금융 습관 및 핵심 내용

1) 금융 습관 및 투자 마인드

구분	내용
자동이체 · 적립식 활용	투자 습관 형성, 타이밍 리스크 줄이기
비상금 따로 보관	생활자금과 투자자금 분리
소액부터 시작	ETF · 펀드로 1만 원대 가능
수익보다 꾸준함 중시	단기 등락에 흔들리지 않기
금융 앱 · 뉴스 꾸준히 확인	금융 감각 유지

- 20대는 투자 습관/세제 혜택/장기복리가 핵심적인 전략이다.

2) 주요 핵심 내용

- CMA/비상금통장 확보: 단기 자금 대비
- ISA/연금저축 적극 활용: 세제 혜택/복리 효과
- ETF 중심의 적립식 투자: 분산/자동 투자
- 리스크관리와 꾸준함: 시간이 복리의 핵심

3) 운용 전략

- 자동이체로 매달 적립: 매월 정해진 날 투자
- ETF는 ISA · 증권계좌 내 운용: 세금 절감 및 통합 관리
- 분기별 점검(리밸런싱): 자산 비중 유지
- 수익률보다 꾸준함 중시: 시간 투자를 통한 복리 효과
- 20대 포트폴리오 핵심: 자동 적립 + 분산투자 + 절세형 구조

3장

30대를 위한 금융 투자상품 - 부동산/투자상품 중심

30대는 소득이 본격적으로 늘기 시작하지만, 동시에 결혼 · 주택 · 자녀계획 등 지출이 커지는 시기이기도 하다.

따라서 안정성, 성장성, 세제 효율 등 목적별 자산관리가 가장 중요한 핵심 과제이다.

1. 투자 기본 방향

투자 목표	투자 목적별 분리
투자 기간	단기(1~3년) / 중기(3~7년) / 장기(10년 이상) 병행
핵심 원칙	–자산 분산 –절세상품 활용 – 자동 적립 –리밸런싱
권장 비율	단기 자금 20~30% / 투자 자산 60~70% / 연금성 10~20%

2. 예·적금형 상품(안정성 자산)

상품	특징	장점	비고
CMA/보통예금	유동성 확보, 급여이체용	단기 자금 관리	기본자산
정기적금/자유적금	목표 저축형	금리 안정	단기목표용
청년도약계좌 (만 34세 이하)	정부 기여금/ 우대금리	주택 · 결혼자금용	5년 유지
주택청약종합저축	주택청약 자격/ 금리 혜택	내집 마련 필수	세제 혜택

3. 투자형 상품

구분	특징	장점
국내 ETF / 펀드	국내 대형주 + 성장 테마	분산 · 소액 가능
해외 ETF	글로벌 성장 + 달러 자산	장기복리 효과
적립식 펀드	매달 자동 투자	평균 매입 단가 분산
리츠(REITs)	부동산 간접투자, 월 배당	안정적 배당 수익

- 목적별로 구분된 계좌 투자(예: 주택자금 ETF / 노후 자금 연금저축)가 효율적이다.

4. 절세형 상품

상품	설명	주요 혜택
ISA (개인종합자산관리계좌)	예금 · ETF · 펀드 통합관리	수익 중 최대 200~400만 원 비과세
연금저축펀드	장기 노후 자금용	연 400만 원 세액공제 + 복리 효과
IRP(개인형퇴직연금)	퇴직연금 + 자발적 납입 가능	연금저축과 합쳐 최대 900만 원 세액공제
청년형 IRP/ISA	만 34세 이하	세제 혜택 한도 확대

- ISA → IRP 또는 연금저축으로 세제 혜택 활용 시 절세 및 복리 효과 극대화 가능

5. 대체·분산 투자형 상품

상품	설명	장점	유의점
리츠(REITs)	상장 부동산 간접투자	배당 중심 수익	부동산 경기 영향
채권형 펀드	국공채 · 회사채 투자	안정적 수익	수익률 낮음
TDF (타깃데이트펀드)	은퇴 시점 맞춰 자동 자산 배분	장기 투자형	장기보유 필요
골드 · 원자재 ETF	인플레이션 방어	위험 분산 효과	가격 변동성 큼

6. 포트폴리오 운용 전략

1) 항목별 운용 전략

- 목적별 계좌 분리: 주택자금 → 적금/노후 자금 → 연금/투자 → ISA
- 자동이체로 투자 습관: 매달 고정 납입(시장타이밍 리스크 완화)
- 배당 · 이자 재투자형 상품 선택: 복리 효과 극대화
- 연 1회 리밸런싱: 주가 급등/급락 시 비중 조정
- 세금 · 수수료 확인: 펀드 보수 · ETF 운용비용 최소화

2) 운용 핵심 전략

- 30대 포트폴리오 핵심: 목적별 분산/절세계좌/장기복리
- ISA/연금저축/IRP: 세금 절감/장기복리 핵심
- ETF 중심 분산투자: 국내외 성장산업 참여
- 리츠 · 채권으로 안정성 확보: 배당 + 이자 수익
- 자동 적립/리밸런싱: 꾸준한 습관을 통한 수익 창출

3) 포트폴리오 전략

30대는 소득이 늘지만 동시에 지출 목표가 명확하게 생기는 시기다. 따라서 자금 목적별로 분리된 3계좌 전략(주택·노후·자녀)이 핵심이다.

자금 목적	투자 기간	핵심 키워드	위험 선호도
주택자금	3~7년(중기)	안정성/세제혜택	중간
노후자금	20~30년(장기)	성장성/절세효과	중간~높음
자녀자금	10~15년(중장기)	복리/분산	중간

4장

40대를 위한 금융 투자상품 - 부동산/연금/간접투자 중심

40대는 가계의 자산 형성의 '핵심기'이자 자산 재배분의 시작점이며, 수익률보다 안정적 복리와 절세효과가 중요한 시기이다.

1. 투자 기본 방향

투자 목적	투자 기간	투자 핵심	위험 성향
주택 · 생활안정자금	단 · 중기	1~5년	안정성
노후준비자금(은퇴자금)	장기	15~25년	안정적 성장/세제 혜택
자녀 · 교육자금	중장기	10~15년	복리/분산
추가자산(투자/배당/임대 등)	중기	5~10년	배당 · 대체투자

2. 안정형 자산(현금성·채권 중심)

상품명	유형	예상 수익률	비고
CMA(RP형)	단기자금관리	3.0%	수시입출금, 비상금용
정기예금/적금	은행상품	3~4%	고정금리, 안정적 자산
국공채 · 회사채 펀드	채권형 펀드	4~5%	변동성 낮고 예금보다 유리
ELB(Equity Linked Bond)	파생 결합 채권	4~5%	원금보장형, 만기 보유 시 이자수익
MMF/단기채 ETF	단기채권형 ETF	3~4%	유동성 높음

• 목적: 단기 생활자금/예비 자금/대출 상환 예치금

3. 성장형 자산

상품명	유형	예상 수익률	설명
S&P500/미국나스닥100	해외 ETF	7~8%	장기 복리형, 달러 분산 효과
코스피지수형/배당성장	국내 ETF	5~6%	안정적 성장/배당
TDF(Target Date Fund)	연금형 펀드	5~6%	자동 리밸런싱, 은퇴 시점 맞춤형
글로벌테마펀드 (AI · 헬스케어 · 신재생 등)	적립식 펀드	6~8%	테마 중심 장기 성장
리츠(REITs)	배당형 실물 투자	5~6%	안정적 현금흐름, 월 배당

• 목적: 노후 준비/자녀 교육자금/중장기 투자용

4. 절세형 자산

상품명	유형	세제 혜택	설명
연금저축펀드	개인연금	세액공제(최대 16.5%)	장기복리, 55세 이후 연금 수령
IRP (퇴직연금)	퇴직/개인연금	세액공제 / 안전성	연금 자산의 핵심
ISA(종합투자계좌)	절세계좌	이자 · 배당 비과세 (200만~400만 원 한도)	ETF · 펀드 운용용

5. 운용 전략

- 투자 목적별 계좌 분리: 생활자금 · 노후 자금 · 교육자금 등 구분 운용
- 세제 혜택 최대화: ISA → 연금저축 → IRP 순서로 투자
- 리밸런싱(1년 1회): 주식 · 채권 비중 조정으로 위험관리
- 자동이체 적립식: 꾸준한 적립으로 복리 효과 극대화
- 대체투자 병행: 리츠 · 배당형 ETF로 현금흐름 확보

6. 자산별 적정 포트폴리오

1) 자산별 포트폴리오 전략

자산 구분	비율	투자 포인트
주식형(국내+해외)	40% 성장성 확보	
채권형	25%	안정성 유지
연금 · 절세형	20%	세금 절감 / 장기복리
리츠 · 배당형	10%	배당소득 확보
현금성(CMA · 예금)	5%	유동성 확보

- 40대는 자산 리밸런싱기: 공격투자보다 안정/수익 균형 유지
- 연금저축 · IRP 중심 운용: 세액공제 및 복리 효과 극대화
- 주택 · 교육자금 분리 관리: 목적별 계좌 운용으로 효율성 증가
- ETF · 리츠 병행 투자: 인플레이션 방어 + 배당수익
- 리스크관리 필수: 채권형 · EMP 펀드로 변동성 완화

2) 자산별 투자배분 포트폴리오

자금 목적	비중	예상 수익률	투자 기간	주요 상품	핵심 전략
주택자금	25%	4%	5~7년	청약저축 · 채권 펀드 · 리츠	안정성 중심
노후 자금	35%	6~6.5%	20~25년	연금저축/IRP/ ETF	세제 혜택/복리
자녀자금	15%	6~7%	10~15년	글로벌 ETF · 펀드	장기 성장형

자금 목적	비중	예상 수익률	투자 기간	주요 상품	핵심 전략
생활 안정 자금	10%	3%	단기	CMA · MMF	유동성 확보
배당 · 대체자산	15%	5.5%	5~10년	리츠 · 배당 ETF	현금흐름 확보

- 예상 평균 수익률: 약 5.2~5.7%

5장

50대를 위한 금융 투자상품 - 채권/연금/배당형 중심

50대는 본격적으로 은퇴를 준비해야 하는 시기이며, 자산을 유지하면서도 안정적으로 수익화해야 하는 시기이다.

즉, 수익률 극대화보다는 리스크관리, 현금흐름, 세제 효율이 중심이다.

1. 투자 목표

항목	내용
핵심 목표	은퇴 준비, 노후 소득 확보, 안정적 현금흐름
투자 성향	안정형~중립형
투자 기간	5~10년 (퇴직 전후 병행)
핵심 전략	세제 혜택/안정적 배당/원금 보존 중심 운용

2. 자산운용 방향

- 안전자산 비중 확대(50~60%): 예금·채권형·TDF·리츠로 안정성 확보
- 은퇴 계좌(연금저축 · IRP) 적극 활용: 세액공제 및 현금흐름 확보
- 배당 · 리츠 등 현금흐름 자산 편입: 정기적 배당으로 현금흐름 확보
- 글로벌 분산투자 강화: 국내 시장 의존도 축소, 달러 자산 확보
- 현금흐름 중심의 포트폴리오 운용: 은퇴 직후 유동성 문제 방지

3. 자산별 투자상품 예시

자산 유형	비중	주요 상품	예상 수익률	목적
현금성 자산	15~20%	CMA, MMF, 단기예금	3%	생활비 · 비상금
채권 · 안정형 자산	25~30%	국공채, 채권형 펀드, 회사채 ETF	3.5~4%	원금 보존/ 안정적 이자
배당 · 리츠 자산	20~25%	리츠, 미국 리츠, 고배당	5~6%	매월 배당 수익 확보
글로벌 주식형 자산	15~20%	S&P500, 글로벌 배당 ETF, TDF	6~7%	장기 성장 보완
연금형 자산 (IRP · 연금저축)	15~20%	TDF, 글로벌 ETF, 채권형 펀드	5~6%	세제 혜택/ 노후 복리

- 예상 포트폴리오 평균 수익률: 약 4.8~5.3%
- 핵심 목표: 수익률보다 일정한 안정 수익 추구

4. 50대 포트폴리오 구성

자산군	비중	주요 상품	예상 수익률
현금성자산	15%	CMA, MMF	3%
채권형 자산	25%	단기채, 중기 채권형펀드	4%
배당형 자산	20%	리츠, 배당성장 ETF	5.5%
글로벌 성장 자산	25%	S&P500, TDF	6%
연금 계좌 (IRP · 연금저축)	15%	TDF 혼합형 펀드	5%

- 예상 평균 수익률: 약 5% 내외
- 기간: 은퇴 전후 10년 내외
- 수익률보다 지속 가능한 현금흐름 확보가 가장 중요

5. 절세전략

- 연금저축/IRP: 세액공제(연 700만 원까지 납입 시 최대 115.5만 원 절세 가능)
- 퇴직연금: 운용 다변화(IRP 내 ETF · TDF 편입으로 복리 효과)
- 배당소득세: 절세형(리츠 · ETF 활용/과세이연 또는 분리과세 혜택)
- ISA 계좌 병행: ETF – 채권형 운용/비과세 한도 활용 (200만 원까지 비과세)

6. 투자 핵심 전략

- 원금 보존형 비중 50% 이상: 채권 · 예금 · 리츠 중심
- 매월 현금흐름 확보: 리츠 · 배당 ETF 활용
- 연금 계좌 적극 활용: 세액공제/복리 효과
- 달러 자산 보유 비중 확대(20~30%): 환율방어/글로벌 성장 합류

7. 포트폴리오 전략

1) 포트폴리오 핵심

구분	비중	평균수익률	특징
안정형 (예금+채권)	25%	3.5~4%	원금 보전 중심
배당형 (리츠+배당 ETF)	25%	5.5~6%	현금흐름 중심
성장형 (글로벌 ETF+TDF)	35%	6~7%	장기복리,달러분산
연금 계좌 (IRP+연금저축)	25%	5~6%	세제 혜택 중심

- 예상 평균 수익률: 약 5.2~5.6%/년
- 투자 기간: 은퇴 전후 10년 내외

2) 포트폴리오 운용 전략

- 연금 계좌 우선 활용: 연금저축/IRP 통한 절세
- 리츠 · 배당 ETF 비중 확대: 월 · 분기 배당으로 생활비 보완
- 글로벌 ETF 분산투자: 환율 리스크 완화 및 성장 확보
- 안정형 채권 ETF: 주식시장 변동 시 방어 전략
- 연 1회 이상 리밸런싱: 비중 조정 및 리스크 관리

6장

은퇴 세대(60대 이상)를 위한 금융 투자상품 - 자산 리밸런싱

은퇴 세대는 자산을 지키고, 안정적 현금흐름을 확보하며, 세제 혜택과 인플레이션 방어를 동시에 고려해야 한다.

따라서 원금 보전, 배당/이자 수익, 장기 안정성이 가장 중요한 시기이다.

1. 은퇴 세대 금융투자 목표 및 운용 방향

1) 은퇴 세대 투자 목표

- 핵심 목표: 은퇴 생활비 확보, 자산 보존, 세금 최소화
- 투자성향: 안정형 중심, 원금 보존 우선
- 투자 기간: 단기~장기 혼합(생활비 유지, 유산 · 상속 장기)
- 핵심 전략: 배당 · 리츠 · 연금/안정적 채권/글로벌 분산투자

2) 자산운용 방향

구분	내용
현금성 자산 확보	6~12개월 생활비를 CMA, MMF, 예금으로 보유
안정적 배당 · 리츠 투자	매월 · 분기 배당 수익 확보로 생활비 충당
연금 계좌 활용	연금저축, IRP, 개인연금으로 세액공제 / 복리 수익
글로벌 ETF	소액으로 달러 자산 · 장기 성장 확보
인플레이션 방어	금 ETF, 물가연동채 등 활용

2. 자산별 포트폴리오 핵심 운용 전략

1) 자산군별 투자상품 구성

자산군	비중	주요 상품	예상 수익(연)	목적
현금성 자산	15~20%	CMA, MMF, 예금	2.5~3%	생활비 · 비상금
채권 · 안정형 자산	30~35%	국공채, TIPS, 채권형 ETF	3~4%	원금 보존, 안정적 이자
배당 · 리츠 자산	25~30%	리츠, 고배당 ETF	5~6%	매월 배당으로 생활비 충당
글로벌 주식/ETF	10~15%	S&P500, 나스닥100, 글로벌 배당 ETF	5~6%	장기 성장/인플레이션 방어
연금형 자산	10~15%	연금저축펀드, IRP	4~5%	세액공제/안정적 수익

- 포트폴리오 평균 수익률: 약 4.5~5%/년
- 리스크: 낮음~중간
- 핵심 목표: 원금 안정/생활비 배당/세제 혜택

- 은퇴 초기 생활비를 배당과 이자로 충당하면서, 나머지 장기자산은 안정적 복리로 관리

2) 핵심 운용 전략

- 원금 보존 우선: 현금 · 채권 비중 50% 내외 확보
- 배당형 자산으로 생활비 보완: 매월 · 분기 배당수익으로 생활비 충당
- 글로벌 ETF 소액 유지: 달러 자산 / 장기 성장 유지
- 연금 계좌 활용: 세액공제 + 장기복리
- 인플레이션 대비: 금 ETF로 구매력 보호

은퇴 세대 포트폴리오는 안정성 50% 배당 · 리츠 30~35% 글로벌 성장 10% 연금 계좌 10% 구조가 가장 이상적이며, 원금 보존/안정적 현금흐름/세제 혜택 세 가지의 균형이 필요하다.

7장

리스크관리

자산관리에서 가장 중요한 것은 운용수익보다 리스크를 어떻게 관리하느냐이며, 성공적인 자산관리 성패의 핵심이다.

1. 리스크관리의 핵심 개념

리스크관리(Risk Management)는 금융투자에서 수익 극대화보다 더 중요한 요소이며, 손실을 관리하지 못하면 투자전략 자체의 기본 틀이 무너지는 것이다.

1) 금융투자에서 리스크관리의 핵심 개념

구분	내용	예시
리스크	투자 결과가 예상과 달라질 수 있는 불확실성	주가 하락, 환율 변동, 금리 상승
리스크 관리	손실을 예측하고, 감당 가능한 수준으로 제한하는 전략	손절매 설정, 분산투자, 헤지

- 핵심 목표: 큰 수익을 내는 것보다 손실을 최소화하고 자산을 지키는 것

2) 금융투자에서의 주요 리스크 유형

리스크 유형	내용	예시
시장리스크	주가, 금리, 환율 등 시장 변동으로 손실 발생	주식 폭락, 환율 급등
신용리스크	발행기관이 약속을 이행하지 못할 위험	회사채 부도
유동성리스크	시장에서 자산을 제때 팔 수 없는 위험	거래량이 적은 종목
금리리스크	금리 변동으로 채권 가치가 떨어질 위험	기준금리 인상 시 채권가격 하락
환리스크	환율 변동으로 손익이 발생	달러 약세로 해외주식 수익 감소
레버리지리스크	차입금 또는 신용으로 투자 시 손실 확대	마진거래 손실 확대

3) 리스크관리의 기본 원칙

- 손실은 피할 수 없지만, 관리할 수 있다.
  – 투자 전에 감당 가능한 손실 수준을 설정해야 함
- 리스크는 분산해야 한다.
  – 자산을 한 곳에 몰지 말고, 다양한 자산군에 분산투자
- 예상치 못한 상황을 대비해야 한다.
  – 시나리오 분석, 손절 라인 설정, 헤지 전략 수립
- 수익률보다 변동성(리스크)을 먼저 본다.
  – 샤프지수, 베타 값 등 위험 대비 수익지표 활용

2. 주요 리스크관리 기법

1) 분산투자(Diversification)

- 여러 자산에 분산해 특정 자산의 하락이 전체 포트폴리오에 미치는 영향을 최소화
- 주식, 채권, ETF, 대체투자 등 자산군 혼합

2) 자산 배분(Asset Allocation)

- 투자 목적과 리스크 허용 도에 따라 주식 · 채권 · 현금 등 비중을 조정
  - 예: 안정형(채권 70% / 주식 30%), 공격형(주식 80% / 채권 20%)

3) 손절매(Stop-Loss)

- 손실이 일정 수준에 도달하면 자동 매도 설정
  - 예: -20% 도달 시 매도라는 기준설정으로 큰 손실 방지

4) 헤지(Hedging)

- 파생상품(선물, 옵션, 스왑)을 이용해 손실을 줄이는 전략
  - 예: 해외주식 보유 시 환율 변동에 대비해 환헤지 ETF 활용

5) 리스크 한도 설정(Risk Limit)

- 계좌 전체에서 감당 가능한 최대 손실 한도를 사전에 설정
  - 예: 전체 자산의 10% 이상 손실이 나면 포지션 축소

3. 정량적 리스크관리 도구

도구	내용	지표 활용
VaR (Value at Risk)	일정 기간 내 예상 최대 손실 금액	1일 99% VaR = 100만 원 → 하루에 100만 원 이상 손실 날 확률 1%
CVaR (Conditional VaR)	VaR 초과 손실의 평균	극단적 상황 대비
베타(β)	시장 변동성 대비 개별 자산의 민감도	β 〉 1이면 시장보다 변동성 큼
샤프지수 (Sharpe Ratio)	위험 대비 초과수익률	값이 높을수록 효율적 투자

4. 투자 단계별 리스크관리 전략

단계	투자 전	투자 중	투자 후
전략	리스크 허용도 설정, 자산 배분 계획 수립	실시간 모니터링, 손절/익절 관리	성과평가, 리밸런싱
도구	시나리오 분석, VaR 계산	손절매, 헤지	포트폴리오 조정

5. 실제 투자 포트폴리오

자산	비중	리스크관리 수단
국내주식 ETF	40%	손절-10%, 변동성 모니터링
해외주식 ETF	30%	환헤지 적용, 분산투자
채권형 ETF	20%	금리리스크 점검
현금	10%	유동성 확보

- 예상 수익률은 낮을 수 있지만, 하락장에서 방어력이 높고, 회복 속도가 빠름

6. 리스크관리의 핵심

- 수익보다 손실 관리가 우선이다.
- 리스크를 수치화하고 감당 가능한 범위를 정해야 한다.
- 분산투자 · 헤지 · 손절매 · 리밸런싱은 필수 도구다.
- 장기적 투자 및 리스크관리가 성공적인 투자자의 핵심이다.

경제 용어 상식 3

♦ 승자의저주

경매 · 입찰 · M&A · 부동산 입찰 등 경쟁 상황에서 이기기 위해 지나치게 높은 가격을 제시했다가 결국 손해를 보게 되는 현상을 말한다.

1. 가치 과대평가
– "이건 꼭 가져야 돼."라는 심리로, 실제 가치보다 더 비싸게 평가함.
2. 정보 비대칭
– 상대방들이 낮은 가격을 부른 이유(리스크나 문제점)를 모른 채 혼자 높은 가격을 부름.
3. 과도한 경쟁심 · 감정 개입
– 경쟁에 몰입하면 냉정한 계산이 흐려지고 '무조건 이겨야 한다.'라는 심리가 작동함

♦ 분식회계(粉飾會計, Window Dressing / Accounting Fraud)

기업이 재무 상태를 실제보다 더 좋아 보이게 만들기 위해 고의로 회계를 조작하는 행위이다.

'분식(化粧)'이라는 표현처럼, 회계에 화장을 해 꾸며 놓는 것이라는 의미이다.

1. 주가 상승 유도
– 실적이 좋아 보이면 기업 가치가 높아져 주가 방어 · 상승 가능.
2. 대출 · 투자 유치 용이
– 재무구조가 건전해 보이면 은행 · 투자자 설득이 쉬움.
3. 경영진의 개인적 이익
– 스톡옵션 행사, 실적 연동 인센티브 확보.
4. 부도 · 상장폐지 위험 회피
– 적자를 흑자로 바꿔 일시적으로 위기를 피하려는 목적

♦ 캐즘(Chasm)

신기술 · 신제품이 초기 시장(얼리어답터)에서 대중 시장(초기 다수)으로 넘어가는 과정에서 발생하는 큰 간극(틈)을 의미한다.

이 개념은 제프리 무어(Geoffrey Moore)의 『Crossing the Chasm』에서 널리 알려졌다.

많은 기술 · 스타트업 제품이 "초기 소비자 반응은 좋았는데, 왜 대중 시장에서 실패했을까?"라는 문제를 겪는다.

◆ **코픽스(COFIX, Cost of Funds Index)**

국내 은행들이 자금을 조달하는 데 들어간 실제 비용을 기초로 산출하는 지수이다. 변동금리 주택담보대출의 기준금리로 가장 널리 사용된다.

변동금리 대출금리 = 코픽스 + 가산금리(은행 마진)

◆ **기업공개(IPO, Initial Public Offering)**

비상장기업이 주식을 일반 투자자에게 최초로 공개하고 증권시장(거래소)에 상장하는 과정을 말한다.

대규모 자금 조달/기업 인지도 상승/지배구조 투명성 강화/주주(창업자 · VC · 직원)의 엑시트

◆ **스톡옵션(Stock Option)**

회사가 임직원에게 미리 정해진 가격(행사가)으로 자사 주식을 살 수 있는 권리를 수는 제노이나.

1. 인재 유치 · 유지

– 급여 외에 장기적 보상 제공 → 실력 있는 인재 유입 & 이탈 방지

2. 동기 부여

– 회사 가치가 올라야 본인도 이익 → 임직원과 회사의 이해관계 일치(인센티브 효과)

3. 스타트업의 현금 부담 완화

– 초기엔 돈이 부족해 연봉 높이기 어려움 → 스톡옵션으로 보상

◆ **레버리지(Leverage)**

적은 자기자본에 부채(타인자본)나 파생상품 등 외부 자금을 활용해 투자 규모를 키우는 것을 말한다.

즉, '지렛대 효과'로 작은 힘(자본)으로 큰 수익 또는 손실을 낼 수 있는 구조이다.

◆ **젠트리피케이션(Gentrification)**

도심의 낙후된 지역에 중산층 이상 사람들이 새로 유입되면서 지역 이미지 · 환경이 개선되지만, 그 과정에서 원주민(저소득층 · 영세 상인)이 임대료 상승 등을 견디지 못하고 밀려나는 현상을 말한다.

1. 도시 재개발 · 재생 사업

– 기반 시설 개선 → 지역 가치 상승

2. 상권 활성화

– 카페 · 갤러리 · 브런치 가게 등 들어오며 '힙한 동네'로 이미지 변화

3. 임대료 상승

– 인기 높아지고 수요 증가 → 건물주 임대료 인상

4. 투자 자본 유입

– 부동산 투자자 · 대기업 프랜차이즈 입점

♦ 통화스와프(Currency Swap)

두 나라(또는 두 기관)가 서로 다른 통화를 일정 기간 동안 교환하고, 만기 때 원금과 이자를 다시 반대로 교환하는 계약이다.

1. 외환 위기 대비 · 유동성 안정

– 위기 상황에서 외환이 빠져나가도 상대국 통화를 바로 빌려 쓸 수 있어 환율 안정에 도움이 됨

2. 달러 확보

– 글로벌 금융시장에서 가장 중요한 결제 통화가 달러 → 달러 부족(달러 유동성 경색)에 대비.

♦ 양적완화(QE, Quantitative Easing)

중앙은행이 시중에 돈(유동성)을 직접 풀기 위해 대규모로 채권을 매입하는 재정 정책이다.

보통 중앙은행은 기준금리 인하로 경제를 부양하지만, 금리가 이미 너무 낮아서 더 내릴 수 없을 때(제로금리 상태) 돈을 직접 공급하는 방식(QE)을 사용한다.

· 제6부 ·

경제적 자유

경제적 자유는 단순히 돈이 많은 상태가 아니라,

돈 때문에 인생의 선택이 제한되지 않는 상태를 말한다.

다시 말해 원하지 않는 일을 하지 않아도

원하는 삶을 지속할 수 있는

경제적 기반이 갖춰진 상태를 뜻한다.

1장

경제적 자유의 개념 및 조건

1. 경제적 자유의 개념

경제적 자유와 경제적 자립이나 안정과는 다소 개념의 차이가 있으며 일종의 경제적 자유라는 목표 점을 향한 과정이라고 볼 수 있다.

- 경제적 자립: 생활비를 본인 수입으로 충당할 수 있는 상태(월급으로 생활 유지)
- 경제적 안정: 갑작스러운 위기에도 재정적으로 흔들리지 않는 상태. 비상금, 보험, 투자 수익 존재
- 경제적 자유: 노동 소득 없이도 자산에서 나오는 수익으로 생활이 가능한 상태를 말하며, 월 생활비 이상 투자 수익 발생

결국 가장 큰 차이점은 경제적 자립은 지속적으로 소득 활동이 필요한 상태이고 경제적 자유는 소득 창출을 위한 경제활동을 하지 않아도

살 수 있는 상태이다.

2. 경제적 자유의 3대 조건

1) 생활비보다 많은 현금흐름

- 투자 수익, 임대 수입, 배당금, 이자 등
- 월 생활비보다 월 투자 수익이 커지는 순간 경제적 자유

2) 부채 최소화 또는 효율적 사용

- 무리한 대출은 자유를 방해
- 수익성 자산(예: 부동산, 사업 투자)에만 전략적으로 활용

3) 지속 가능한 자산 구조

- 단발적 수익이 아니라 안정적 현금흐름 구조
- 예: 임대수익, 배당 ETF, 채권이자, 사업 지분 수익 등

3. 경제적 자유 간단 계산법

- 필요 자산 = 월 생활비 × 12개월 × 25

  (연 수익률 4% 가정)

예시

‖ 월 생활비: 300만 원

‖ 연 생활비: 3,600만 원

‖ 필요 자산: 3,600만 원 × 25 = 9억 원

‖ 단, 원금을 월 생활비로 일부 사용 시 더 낮은 수익률 또는 필요 자산이 계산됨.

2장

경제적 자유 달성 방법 및 전략

1. 경제적 자유 달성을 위한 4단계 로드맵

1) 1단계: 기초자산 형성(안정기)

- 소득이 지출보다 큰 구조 만들기
- 긴급자금 확보
- 부채 정리 및 신용도 관리

2) 2단계: 투자자산 축적(성장기)

- 금융투자(ETF, 펀드, 채권, 적립식 투자 등) 시작
- 복리 효과 극대화를 위해 자동 투자 습관화
- 소비보다 저축 · 투자 비중을 높임

3) 3단계: 현금흐름 자산 확보(수익기)

- 임대형 자산, 배당형 ETF, 채권, 사업 투자 등 확보

- 노동 소득에서 자산소득으로 점진적 전환

4) 4단계: 경제적 자유 달성 및 유지

- 월 투자 수익이 월 생활비보다 많은 상태 달성
- 자산관리 전략 수립(리스크관리 / 세금 절세)
- 경제적 생활을 위해 일할 필요가 없는 상태

2. 경제적 자유를 이루는 주요 수단

자산 유형	특징	현금흐름 예시
금융자산	안정적 · 유동성 높음	배당금, 이자, ETF 분배금
부동산	실물자산, 임대수익 가능	월세, 전세보증금 운용
사업/지분	수익률 높지만 리스크 있음	배당, 지분이익

- 수입원을 한 가지(급여)에만 의존하지 말고, 다양한 파이프라인을 통해 현금흐름을 만들어야 함

3. 경제적 자유를 늦추는 요소

- 과도한 부채와 충동 소비
- 불규칙적 또는 소극적인 투자
- 금융 지식 부족 → 수익보다 리스크에 많이 노출

= 경제적 자유를 얻기 위해서는 투자도 소비도 전략이 필요

4. 경제적 자유 달성 전략 예시 (월 생활비 300만 원 기준)

단계	목표	전략	기간
1단계	긴급자금 확보	월급의 20% 저축	1~2년
2단계	투자자산 1억 원 형성	적립식 ETF, 채권	3~5년
3단계	자산소득 월 100만 원	배당형 ETF + 부동산	5~10년
4단계	경제적 자유	자산 9억 원 확보(4% 룰 적용)	10년 이상

5. 경제적 자유의 세 가지 주요 전략

- 자산을 늘리는 전략(투자)
- 지출을 통제하는 전략(소비)
- 현금흐름을 자동화하는 구조(파이프라인): 단순히 자산을 늘리는 것보다 중요한 건 자산을 유지하고 지키는 시스템을 만드는 것이다.

2030세대가 알아야할

경제·금융 상식

초판 1쇄 발행 2026. 1. 21.

지은이 이승대
펴낸이 김병호
펴낸곳 주식회사 바른북스

편 집 황금주
디자인 양헌경
마케팅 송송이 박수진 박하연

등록 2019년 4월 3일 제2019-000040호
주소 서울시 성동구 연무장5길 9-16, 606호 (성수동 2가, 블루스톤타워)
대표전화 070-7857-9719 | **경영지원** 02-3409-9719 | **팩스** 070-7610-9820

•바른북스는 여러분의 다양한 아이디어와 원고 투고를 설레는 마음으로 기다리고 있습니다.

자비출판 투고 barunbooks21@naver.com
홈페이지 www.barunbooks.com | **유튜브** https://www.youtube.com/@Youtube_brTV
인스타그램 https://www.instagram.com/barunbooks7/ | **X(트위터)** https://x.com/barunbooks7
페이스북 facebook.com/barunbooks7 | **틱톡** https://www.tiktok.com/@barunbooks7

ISBN 979-11-7263-789-7 03320